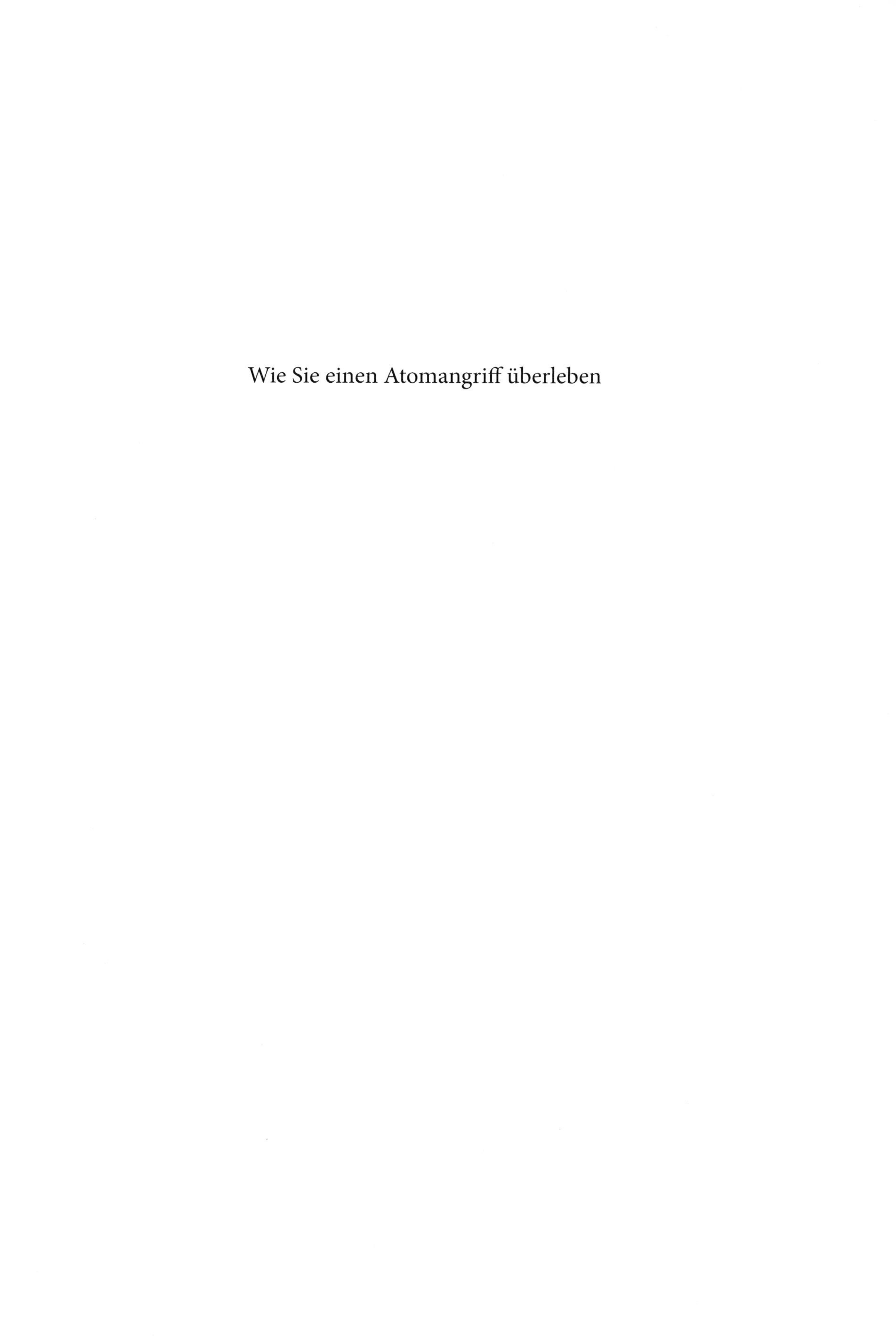

Wie Sie einen Atomangriff überleben

Der Inhalt dieses Buches wurde vom Autor und Verlag nach bestem Wissen überprüft. Eine Garantie kann jedoch nicht übernommen werden. Weder der Verlag noch der Autor übernehmen eine Verantwortung für inhaltliche und sachliche Fehler. Eine Haftung des Autors beziehungsweise des Verlags für Personen-, Sach- oder Vermögensschäden ist ausgeschlossen.

1. Auflage Mai 2023

Lektorat: Christina Neuhaus
Umschlaggestaltung, Satz und Layout: Nicole Lechner

ISBN: 978-3-86445-938-2

Gerne senden wir Ihnen unser Verlagsverzeichnis.
Kopp Verlag
Bertha-Benz-Straße 10
D-72108 Rottenburg
E-Mail: info@kopp-verlag.de
Tel.: (0 74 72) 98 06-10
Fax: (0 74 72) 98 06-11

Unser Buchprogramm finden Sie auch im Internet unter:
www.kopp-verlag.de

Lars Konarek

Wie Sie einen Atomangriff überleben

Warum ein Atombombenangriff auf Deutschland wieder denkbar ist

Wie Sie sich und Ihre Familie schützen

Mit welchen Maßnahmen Sie Ihre Überlebenschancen deutlich erhöhen

KOPP VERLAG

Inhalt

Einleitung

Vor über 125 Jahren entdeckte der französische Physiker Henri Becquerel das Phänomen der Radioaktivität. Am 24. Februar 1896 stellte er seine Erkenntnisse darüber in Frankreichs Hauptstadt Paris vor und ebnete Forschern der Zukunft damit den Weg für die Kernenergie.

Dass darauf die verheerendsten Waffen der Menschheit, die Kernwaffen, aufbauen sollten, hätte der Physiker sicher nicht in seinen kühnsten Träumen erwartet. Wie so häufig wurde friedliche Technologie für militärische Zwecke missbraucht. Zweimal wurde die Atombombe in Japan direkt als Kriegswaffe mit fatalen Folgen eingesetzt. Ständig wurde ihre tödliche Wirkung verbessert, und in den darauffolgenden Jahrzehnten folgten durch verschiedene Staaten etliche Versuche zur Steigerung der Zerstörungskraft.

Henri Becquerel entdeckte 1896 die Radioaktivität

Vor dem Hintergrund des Ukrainekriegs, der globalen Spannungen sowie der nuklearen Dynamik in Asien ist der Einsatz einer Atombombe – zum Unverständnis aller Zeitgenossen mit gesundem Menschenverstand – wieder zu einem aktuellen Thema und einer Bedrohung geworden. Aus den Äußerungen mancher Politiker scheint man den Wunsch herauszuhören, diese auch wirklich einsetzen zu wollen. Solche Aussagen zeugen von größter Menschenverachtung und werden sich hoffentlich niemals bewahrheiten. Dennoch ist das größte Übel abermals in greifbare Nähe gerückt: die Gefahr des Einsatzes von Atomwaffen.

Vielleicht sind Sie in dem Glauben, dass uns in Deutschland Atomwaffenkonflikte nicht betreffen. Falls ja, möchte ich darauf hinweisen: Auch hierzulande sind einsatzbereite Atomwaffen der US-Armee, die von deutschen Kampfflugzeugen im Ernstfall auch abgeworfen werden, eingelagert. Zu einem der bekanntesten Standorte von US-Atomwaffen zählt der deutsche Luftwaffenstützpunkt »Fliegerhorst Büchel« in der Eifel. Und mit der »Ramstein Air Base« beherbergt Deutschland den wohl wichtigsten US-Militärstandort, genauer gesagt das Hauptquartier der United States Air Forces in Europa. Insofern ist Deutschland alles andere als ein uninteressantes Ziel für einen Angreifer, sofern es um einen Konflikt zwischen einem Aggressor und einen NATO-Partner geht – oder umgekehrt.

Was für ein Potenzial von Atomwaffen auf diesem Planeten vorhanden ist, sehen Sie in der kleinen Übersicht auf Seite 11. Das schwedische Friedensforschungsinstitut SIPRI (Stockholm International Peace Research Institute) hat in seinem Jahrbuch 2022 Zahlen über die Ausstattung von Atomsprengköpfen veröffentlicht. Demnach befinden sich rund 90 Prozent davon, Stand 2021, in den Händen Russlands und denen der Vereinigten Staaten.

Für die komplexe Materie Atomangriff gibt es für die Bürger der Bundesrepublik Deutschland keinerlei Handlungsanweisung oder einen Ratgeber, der erklärt, wie man für ein solches Szenario vorsorgt und wie man sich im Fall der Fälle verhält. Aus einem unbekannten Grund scheint man die Gefahr verdrängt zu haben – so wie bei der Abschaffung des Großteils der Sirenen, welche beim Ahrtal-Hochwasser 2021 möglicherweise das eine oder andere Menschenleben hätten retten können. Das Bundesamt für Bevölkerungsschutz bietet weder Hinweise noch Links auf seiner Webseite an, über die man sich informieren könnte. Es scheint so, als gäbe es keinerlei Bedrohung in dieser Richtung. Zwar geht man in Ratgebern auf Kernkraftunfälle ein – das Vorgehen bei Atomangriffen unterscheidet sich aber in einigen Bereichen grundlegend.

Leider hat die Regierung in den vergangenen Jahren diesbezüglich nichts in den Schutz der Bevölkerung investiert – auch nicht seit dem Beginn des Ukrainekriegs und dem Wiederauftreten von Spannungen zwischen Ost und West. Nachbarländer wie die Schweiz oder Österreich haben die Problematik

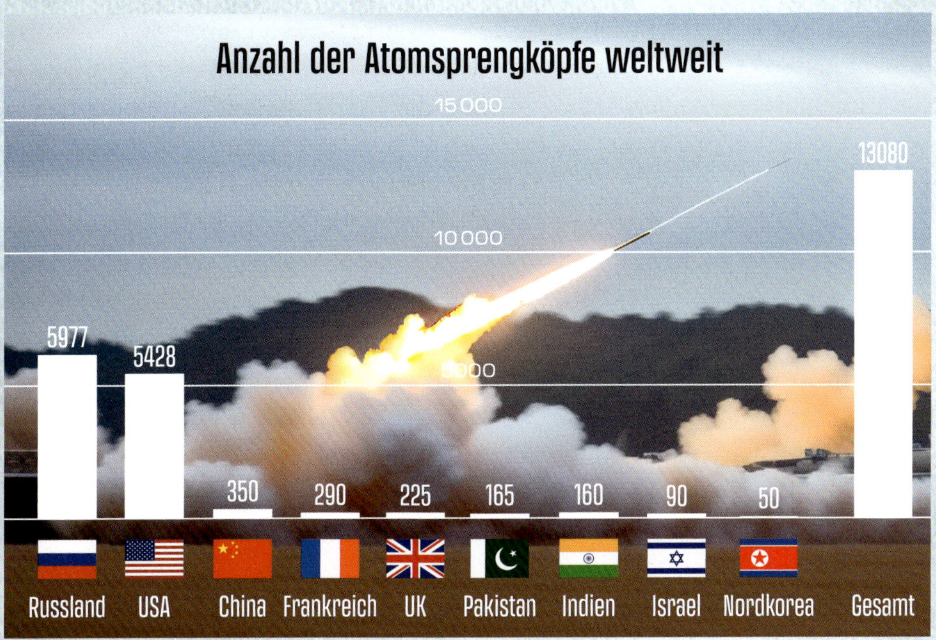

Quelle: SIPRI Yearbook 2022[1]

erkannt und investieren deutlich mehr in den Zivilschutz, sprich: in die Absicherung der Bevölkerung. Der deutsche Staat hingegen lässt seine Bürger damit allein; das heißt, Sie müssen sich selbst kundig machen und für den Ernstfall vorsorgen.

Dieses Buch erhebt keinen Anspruch auf die Richtigkeit aller beschriebenen Techniken und Handlungsanweisungen. Es ist jedoch praxisorientiert gestaltet und aus Sicht eines Überlebenstrainers verfasst. Ich habe versucht, das komplexe Thema Atomangriff auf ein leichtes Verständnis herunterzubrechen. Nicht immer mögen alle Angaben zu 100 Prozent der physikalischen Korrektheit entsprechen; sollten Sie vom Fach sein, sehen Sie es mir bitte nach. Für mich war es wichtiger sicherzustellen, dass der Leser mit dem Inhalt des Buches umgehen kann, statt mit Tabellen, Fachbegriffen oder Wissen jeglicher Art zu protzen, das dem normalen Bürger nur wenig nützt. Der Einfachheit halber werde ich in diesem Buch immer nur von der »Atombombe« sprechen.

---

1 *https://www.sipri.org/yearbook/2022.*

Als professioneller Survivaltrainer beschäftigte ich mich schon seit fast zwei Jahrzehnten mit dem Überleben in der Natur sowie in Krisen- und Katastrophenfällen, wobei der letztgenannte Themenkomplex mein für mich gewähltes Fachgebiet ist, auf das ich mich spezialisiert habe. Es ist mein Beruf und meine Berufung, Menschen in Kursen fit zu machen, sodass sie angemessen auf verschiedenste Szenarien reagieren und diese überleben können. Das können Unfälle in der Wildnis sein, Naturkatastrophen, Kriege, soziale Unruhen und vieles mehr. Hierfür vermittle ich wichtige Fähigkeiten sowie teilweise vergessenes Wissen, das den Teilnehmern helfen kann, in solchen Situationen zu bestehen. Dazu kommen meine eigenen Erfahrungswerte, welche ich durch hartnäckiges Ausprobieren und während diverser von den Medien begleiteten Selbstexperimenten sowie Ausrüstungstests über die Jahre gesammelt habe. Mittlerweile habe ich mehr als sieben Bücher zum Thema Überleben und Selbstschutz verfasst.

Es gibt leider keine aktuelle Literatur auf dem Markt, die sich sachlich und umfassend mit dem Thema Atomangriff befasst. In der Vergangenheit hat der eine oder andere Autor sich daran versucht; die meisten Werke beschränken sich aber immer nur auf spezielle Nischen innerhalb dieses Themenkomplexes. Das hat mich motiviert, und ich habe lange an dem Konzept für diesen Ratgeber gearbeitet. Dazu habe ich monatelange Recherchen durchgeführt und eine Menge Literatur verschlungen. Unter anderem habe ich die letzten im Handel oder Antiquariat erhältlichen Exemplare an Fachliteratur zum Thema Atomangriff und Radioaktivität aus den 50er- bis 80er-Jahren erstanden, teils unter abenteuerlichen Bedingungen. Hinzu kamen Expertengespräche mit fachkundigem Personal der Bundeswehr, Kontakte zu anderen Armeen und Menschen, die im Kalten Krieg als Funktionspersonal für den Fall der Fälle tätig waren. Zudem habe ich annähernd 100 markerschütternde Berichte von Augenzeugen und Helfern studiert, welche die Abwürfe der Atombomben über Hiroshima und Nagasaki miterlebt haben.

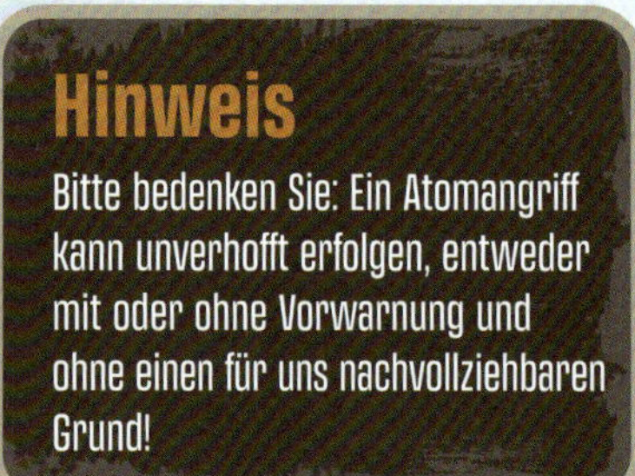

Dieses Buch soll in erster Linie als Ratgeber für den Angriff mit Interkontinentalraketen dienen, die über lange Distanz einen Sprengkopf transportieren und im Ziel detonieren lassen können. Selbstverständlich lassen sich manche Anweisungen aber auch nach dem Einsatz von sogenannten schmutzigen Bomben oder bei Unfällen in kerntechnischen Anlagen umsetzen.

Ich habe mich bemüht, Ihnen ein leicht verständliches Werk mit auf den Weg zu geben, in dem ich sachliche Handlungsmöglichkeiten aufzeige, mit denen Sie im Falle eines Atomangriffs arbeiten können. Mit diesem Wissen können Sie Ihre Überlebenschancen steigern!

Hoffen wir, dass es niemals dazu kommen wird und dass die Atommächte eines Tages mit der vollständigen Abrüstung beginnen, damit es ein für alle Mal zur Abschaffung dieser grausamen Waffen kommt.

Ich wünsche Ihnen
alles Gute.

Ihr Lars Konarek

Zerstörungseffekte einer Atombombenexplosion

Traurigerweise vereint die Atombombe in ihrer gesamten Wirkung mehrere verheerend tödliche Eigenschaften, und keine andere Waffe ist in der schädigenden Wirkung auf den Mensch und die Umwelt so nachhaltig wie sie. Die im Folgenden aufgeführten Abschnitte zeigen Ihnen auf, was diese Waffe so gefährlich macht. Es gibt zwei Arten des Einsatzes von Atombomben: Entweder erfolgt die Detonation in der Luft oder auf dem Boden. Das spielt wegen der unterschiedlichen Entwicklung des Fallouts eine Rolle, der sich bei einer Zündung in großer Höhe deutlich geringer ausbreitet als bei einer Bodendetonation. Das Wissen um die Art der Detonation ist für das Verhalten der Menschen wichtig, wenn es darum geht, Leib und Leben zu schützen. Was Fallout ist, erfahren Sie auf den nächsten Seiten. Bis auf den Fallout verhalten sich alle anderen Eigenschaften bei Luft- und Bodendetonation von Atombomben adäquat zueinander.

Zerstörungsgradien einer Atombombe

Was eine einzige Atombombe in einer Großstadt oder einem bestimmten Gebiet unmittelbar anrichten könnte, lässt sich mit wenigen Klicks mit der interaktiven Karte des am Stevens Institute of Technology ansässigen Historikers und Nuklearexperten Alex Wellerstein *https://nuclearsecrecy.com/nukemap/* (Stand 02/2023) simulieren.
Hier können Sie sich nach Eingabe der Bombenstärke und des genauen Detonationsstandorts unter anderem die Direktstrahlung, die thermische Strahlung sowie den Radius der Druckwelle und weitere Folgen einer Detonation ansehen.

Lichtblitz, Feuerball und Hitzestrahlung

Detoniert eine Atombombe, sind die ersten Auswirkungen ein greller Lichtblitz und ein Feuerball. Der Lichtblitz dauert bis zu 20 Sekunden an. Je nachdem, wie lange man in den Lichtblitz schaut und wie weit man vom Zentrum der Detonation entfernt ist, kann er gemeinsam mit der ultravioletten Strahlung Verbrennungen der Augenlider, der Hornhaut oder von Binde- und Netzhaut verursachen. Beschreibungen von Atombombendetonationen in Hiroshima und Nagasaki berichten von temporärer Blindheit bis zum dauerhaften Verlust des Augenlichtes bei betroffenen Personen. Der Lichtblitz ist aufgrund seiner Größe und Intensität noch in weiter Entfernung sichtbar. So könnte dieser noch jenseits der Grenzen Hamburgs wahrgenommen werden, wenn in Berlin eine Atombombendetonation stattfinden würde. Für die süddeutschen Leser: Noch in München könnte man den Lichtblitz sehen, wäre Stuttgart das Ziel.

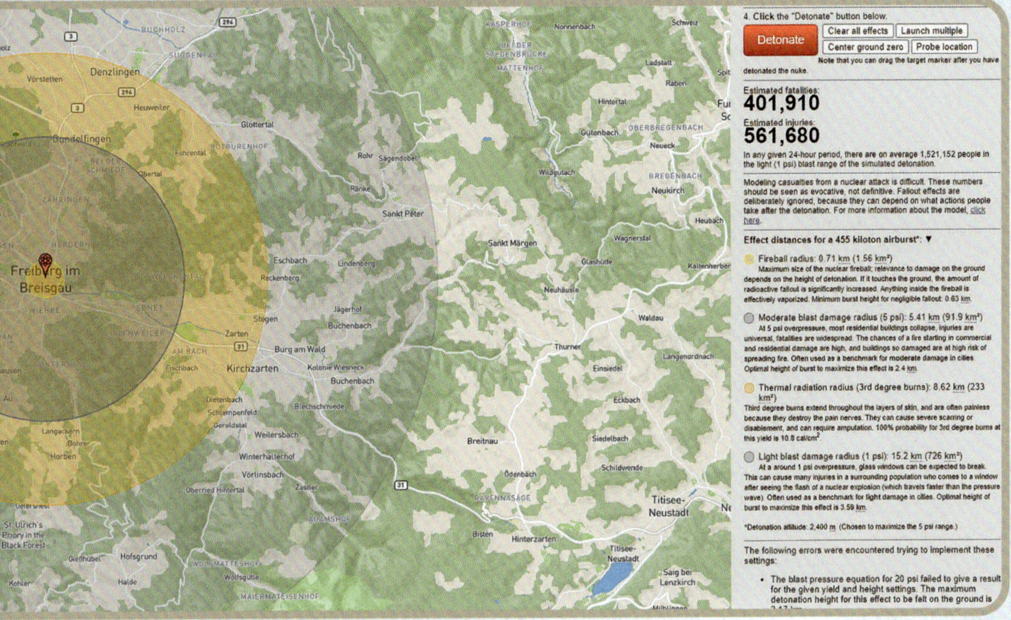

Die Hitzestrahlung mit einer Temperatur von mehreren Millionen Grad bewirkt über ein großes Gebiet schwerste thermische Schäden. Es kommt zu einem Temperaturanstieg, der in einem Umkreis alles verdampfen lässt. Sie haben richtig gelesen. Mensch und Material werden nicht zerstört, nicht verbrannt – sie verdampfen. Im Explosionszentrum schmelzen Eisen und die Oberflächen von Granitsteinen.

Um sich darüber klar zu werden, was die Hitze für Auswirkungen hat, folgendes Beispiel: Der Geologe Mario Wannier hat an einem Strand nahe Hiroshima zwischen den Sandkörnern kleine Glaskügelchen gefunden und untersuchen lassen. Diese bildeten sich aus den geschmolzenen Überresten, die durch die enorme Hitze bei der Explosion der Atombombe entstanden sind. Anders gesagt: Teile der Stadt sind in Glasform auf die Erde herabgerieselt wie Salz aus einem Streuer.[2]

---

2 Mario M. A. Wannier, Marc de Urreiztieta, Hans-Rudolf Wenk, Camelia V. Stan, Nobumichi Tamurad Binbin Yue: *https://www.sciencedirect.com/science/article/abs/pii/S2213305419300074?via%3Dihub#.*

Feuer können sich durch die Hitze schnell weiterverbreiten, und sind aufgrund der flächenmäßigen Ausdehnung nicht mehr bekämpfbar

Dabei spielen für die Wirkung der Hitzestrahlung die lokalen Wetterbedingungen durchaus eine Rolle: So begünstigen tiefe Wolken oder schneebedecktes Gelände die Reflexion der Strahlung, was die Schäden mitunter noch gravierender ausfallen lässt. Die thermische Wirkung ist auch von der Topografie abhängig. So wäre die Wirkung in flachem Gelände stärker als in hügeligem Terrain, da dort die Bodenanhebungen die Hitzestrahlung abschirmen.

Selbst in einiger Distanz wirkt die thermische Strahlung: Menschen, die sich in einigen Kilometern Entfernung von der Detonation im Freien aufhalten und Bekleidung mit Kunstfasern auf dem Körper tragen, würden bemerken, wie Nylon, Polyester und so weiter binnen Sekunden schmelzen. Schwere Verbrennungen wären die Folge, da sich die verflüssigte brennende Kunstfaser nicht schnell genug vom Körper entfernen lässt und sich infolgedessen in die Haut einbrennt.

Danach wird es durch die Hitzestrahlung binnen Sekunden zu großflächigen und verheerenden Bränden kommen, da sich Materialien aufgrund der unvorstellbaren Temperaturen entzünden. Aufgrund der günstigen Bedingungen durch die Hitze können sich die Feuer schnell weiterverbreiten, und aufgrund der flächenmäßigen Ausdehnung sind sie nicht mehr bekämpfbar. Menschen und Tiere, die sich im totalen Zerstörungsradius befinden (dieser kann bis 10 Kilometer und mehr groß sein), verbrennen bei lebendigem Leibe. Je nach Jahreszeit und Witterung bewirkt dies dann Brände, die wochen- bis schlimmstenfalls monatelang anhalten, vorwiegend dann, wenn Waldgebiete betroffen sind.

In Talkesseln besteht die Wahrscheinlichkeit, dass sich Feuerstürme bilden. Darunter versteht man heftige bodennahe Luftbewegungen, die bei großen Flächenbränden mit starker Hitzeentwicklung entstehen. Es kommt zu regelrechten Orkanen mit zerstörerischer Wirkung. Feuerstürme können nicht gelöscht werden. Sie erlöschen erst, wenn alles entzündliche Material abgebrannt ist. Windstärken, der Grad der Luftfeuchtigkeit sowie das Wetter spielen für die Ausbreitung von Bränden eine große Rolle.

Angriffe, die an warmen Tagen erfolgen, hätten noch fatalere Folgen für die Bevölkerung. Das liegt daran, dass bei diesen Temperaturen leichtere Bekleidung getragen wird und daher große Teile der Haut exponiert sind, wie es beim Tragen von T-Shirts oder kurzen Hosen der Fall ist. Daher sind diese Hautpartien der Hitzestrahlung stärker ausgesetzt, als wenn sie mit Textilien bedeckt wären. Es lässt sich daher mit großem Bedauern feststellen, dass ein Angriff während eines Wochentages zur Hauptarbeitszeit im Sommer der Worst Case wäre, was die Häufigkeit und Schwere der Brandverletzungen anbetrifft.

Druckwellen

Atomexplosionen erzeugen in Sekundenbruchteilen unvorstellbar gewaltige Druckwellen, die sich nach allen Seiten ausbreiten. Diese entwickeln Geschwindigkeiten von mehreren hundert Kilometern pro Stunde. Je weiter sich die Druckwellen ausdehnen, desto mehr schwächen sie sich ab und verlieren an Wirkung.

Die Atombombenabwürfe in Hiroshima und Nagasaki haben gezeigt, dass selbst massiv gebaute Gebäude, die sich im totalen Zerstörungsradius befinden, durch die Druckwelle dem Erdboden gleichgemacht werden. Liegen sie im mittleren Explosionsschadensradius, werden sie immerhin noch so stark beschädigt, dass sie mit hoher Wahrscheinlichkeit wegen des Einsturzrisikos nicht mehr bewohnbar sind. Menschen, die sich in Gebäuden innerhalb des schweren Explosionsradius befinden, werden schon aus diesem Grund keinerlei Überlebenschancen haben. Daher sind Gebiete mit hoher Bebauungsdichte immer mit einer hohen Opferzahl verbunden. Nicht in allen Fällen breitet sich die Druckwelle zwingend linear aus. In manchen Bereichen laufen aufgrund topografischer oder baulicher Gegebenheiten Ausläufer der Druckwelle zusammen und verstärken einander.

Die Druckwelle führt auch dazu, dass Menschen, Fahrzeuge, Dachziegel, Trümmer, Steine oder Äste von Bäumen durch die Luft geschleudert werden. Personen, die sich in einem Bereich befinden, in dem die Hauswände der Druckwelle noch standhalten würden, könnten durch zerberstende Fensterscheiben verletzt oder getötet werden. Die herumfliegenden scharfkantigen

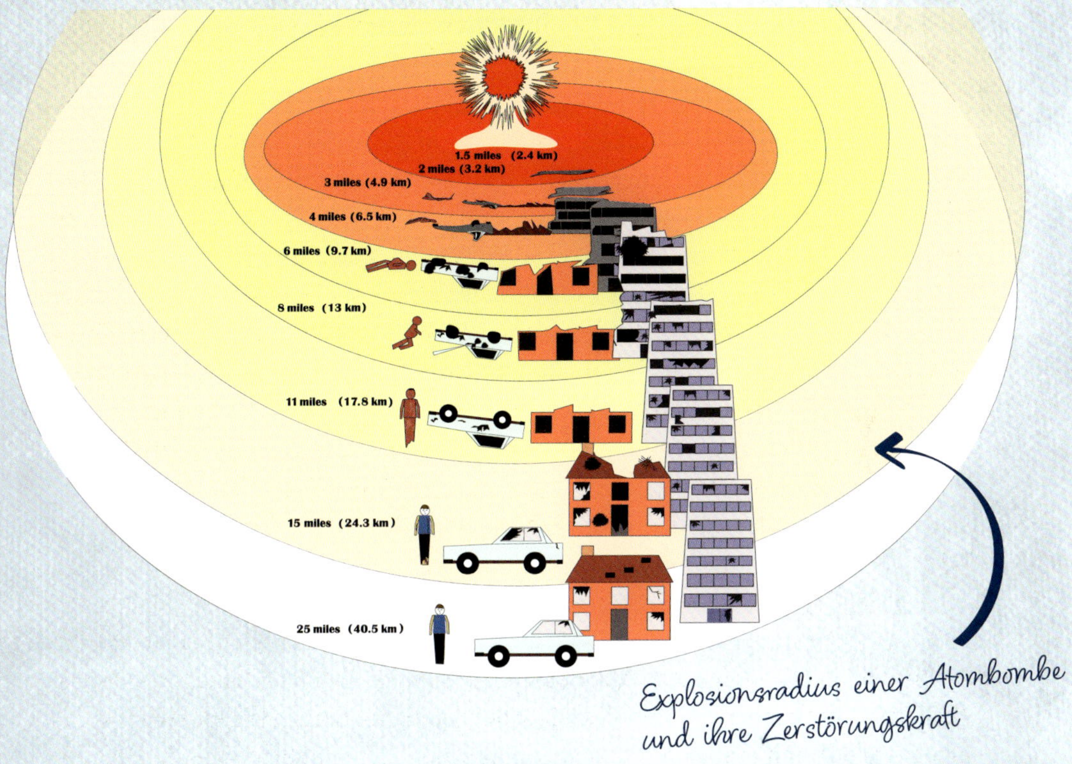

Explosionsradius einer Atombombe und ihre Zerstörungskraft

Glassplitter sowie in die Fenster hineingeschleuderten Gegenstände sind tödliche Geschosse. Das betrifft auch Personen, die sich während der Druckwelle in Fahrzeugen aufhalten und vom zerberstenden Glas der Seitenscheiben verletzt werden. Noch im Radius von etwa 20 Kilometern können durch die Druckwelle Fensterscheiben gesprengt werden.

Auch Türen würden aus der Verankerung gerissen werden und könnten dabei Personen erschlagen. Splitterflug ist eine der größten Gefahren für die Menschen. Bitte bedenken Sie, dass Metallsplitter bis zu einem Kilometer weit fliegen können.

Neben den direkten Schäden würde die Druckwelle auch indirekte Schadwirkung zeigen. Es ist nachgewiesen, dass solche Druckwellen auch Schäden an Gaskesseln und Tanks verursachen, was zu verheerenden Bränden führen kann. Unterirdische Leitungen für Wasser, Strom, Öl und Gas werden durch die Erschütterungswirkung der Welle schwer beschädigt, was zu Leckagen und zum sofortigen Versorgungsstopp führt.

Bisher gibt es unterschiedliche Aussagen und Hinweise hinsichtlich direkter Todesfälle aufgrund der physischen Druckwelle. Scheinbar kann der Körper unmittelbare Druckeinwirkungen gut kompensieren. Indirekte Druckwellenschäden jedoch – etwa Kompressionsverletzungen, Eingeweideperforationen, Frakturen und Ähnliches – als Folge von Trümmerflug sind häufig. Weiterhin kommt es zu Schädigungen oder Rissen des Trommelfells mit anschließender Taubheit.

Wenn die Druckwelle über ein Gebiet hinweggegangen ist, setzt unmittelbar danach die Sogphase ein. Die Luft bewegt sich dabei in Richtung Detonationszentrum zurück. Die daraus resultierende Sogwelle ist erheblich abgeschwächt, birgt aber auch Verletzungsrisiken, da mit ihr kleinere Gegenstände, Splitter oder kleine Trümmerteile befördert werden. Die Sogwelle kann zu verheerenden Schäden an Gebäuden und Material führen und die durch die Druckwelle bereits geschädigte Infrastruktur endgültig zerstören.

Initialstrahlung

Eine todbringende Eigenschaft der Atombombe ist bekanntlich die radioaktive Strahlung. Sie nimmt auf nichts und niemanden Rücksicht. Die unsichtbare Gefahr wird vom Menschen nicht wahrgenommen. Strahlung kann man nicht sehen, schmecken, riechen oder fühlen. Die bei der Explosion der Atombombe ausgesendete Gammastrahlung ist die Sofortstrahlung, die bis zu einer Minute anhalten kann. Sie macht die Atombombe zum nachhaltig schädlichsten Kriegsmittel für Mensch und Natur. Konventionelle Waffen setzen keine ionisierende Strahlung frei, Atombomben schon.

Initialstrahlung

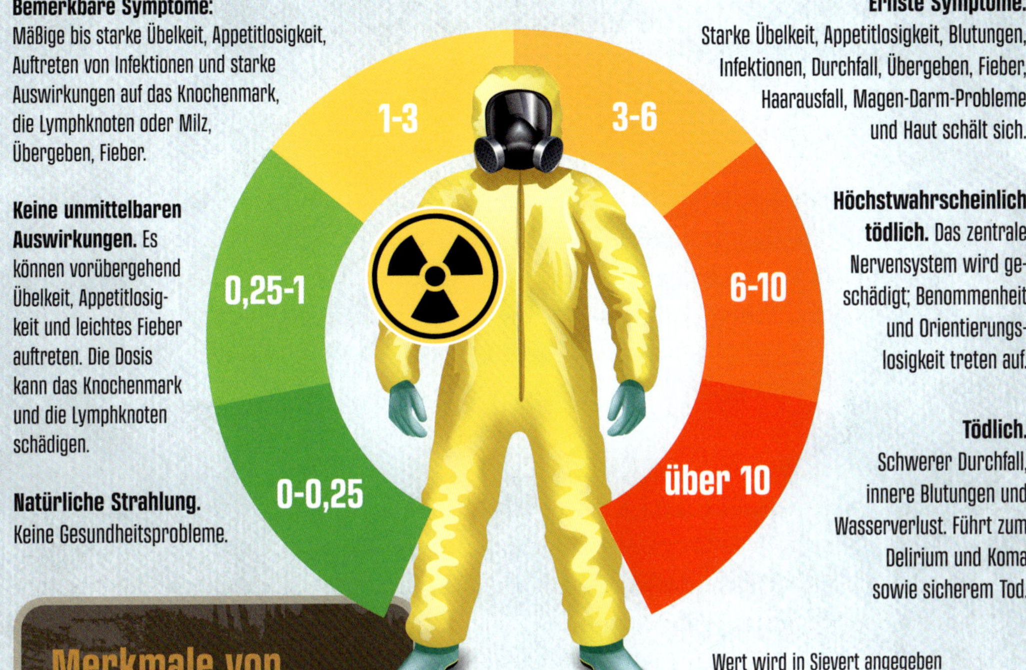

Merkmale von Strahlenkrankheit bei einer Atombombendetonation

Übelkeit und Erbrechen
Diese Symptome sind zuverlässige Anzeichen für eine Strahlenkrankheit. Sie können Tage bis Wochen anhalten.

Haarausfall
Ein für den Laien gut identifizierbares Merkmal für eine Strahlenerkrankung ist der Haarausfall. In der Regel tritt er nach etwa 2 bis 4 Wochen ein und betrifft gelegentlich den gesamten Körper. Die Kopfhaare fallen hierbei büschelweise aus.

Bei der Detonation kommt es zur Freisetzung von radioaktiven Strahlen und Partikeln, die in hohen Dosen ein verheerendes Potenzial bergen. Trifft ionisierende Strahlung auf den menschlichen Körper, werden einzelne Zellen und Gewebe geschädigt. Proteine oder die DNA, also der Träger unserer Erbinformation, nehmen Schaden, was das Risiko genetischer Defekte bei den Nachkommen deutlich erhöht. Sicherlich haben Sie schon mal von der Strahlenkrankheit gehört? Sie tritt nach akuter Bestrahlung des menschlichen Organismus auf. Typische Symptome sind Übelkeit, Durchfall oder Haarausfall.

Der Verlauf der Strahlenkrankheit ist abhängig von der Strahlendosis und dem Zeitraum, in dem man ihr ausgesetzt war. Symptome von mittleren Dosen treten nach Stunden bis Tagen auf. Hohe Dosen wirken schon binnen Minuten tödlich.

Um nur ein paar Beispiele zu nennen, was die Strahlenkrankheit bewirkt: innere und äußere Blutungen, Störung des Zentralnervensystems, Nekrosen. Der Darm wird geschädigt, die Darmschleimhaut zerstört, und Darmbakterien gelangen in die Blutbahn. Folglich kommt es im Körper zu starken Entzündungsreaktionen. Menschen, die höheren Dosen ausgesetzt sind, sterben im Nachhinein an Krankheiten wie bösartigen Tumoren oder Leukämie.

Manche Isotope wie Strontium-90 haben eine Halbwertszeit von etwa 28 Jahren. Diese Halbwertszeit ist definiert als die Zeit, welche die Hälfte der Atome eines radioaktiven Materials benötigt, um sich zu zersetzen. Sie bergen daher noch lange nach dem Angriff eine große Gefahr für Leib und Leben.

Radioaktiver Niederschlag (Fallout)

Der am weitesten reichende und langwierigste schädigende Effekt beim Einsatz einer Atombombe ist der radioaktive Niederschlag, der auch als Fallout bezeichnet wird. Er entsteht, wenn bei der Explosion Staub und größere Partikel in die Atmosphäre transportiert werden. Sie verteilen sich in den verschiedenen Schichten der Atmosphäre und kehren als atomarer Niederschlag zur Erde zurück. Dieser Fallout kann mehrere Tage anhalten. Auch kann der Staub je nach Detonationskraft und Wetterbedingungen monate- bis jahrelang in der Stratosphäre verbleiben, bis er wieder zu Boden regnet.

Falloutpartikel können entweder mikroskopisch klein oder einige Millimeter groß sein. Die Menge hängt als davon ab, ob die Detonation der Atombombe

Radioaktiver Niederschlag – auch Fallout genannt –
bringt eine erhebliche Strahlenbelastung mit sich

auf dem Boden stattfindet oder die Bombe in einer größeren Höhe über dem Zielgebiet gezündet wird. Erster Fallout fällt bereits binnen Minuten auf die Erde zurück. Weiterer Fallout folgt dabei in nicht vorhersagbaren Zeitfenstern. Auch lässt sich keine Ortsbestimmung dahingehend vornehmen, welches Gebiet genau betroffen sein wird. Ein Teil des Fallouts wird mit dem Wind davongetragen. Er geht zu einem anderen Zeitpunkt irgendwo an einem anderen Ort nieder.

Die Intensität der radioaktiven Staubpartikel sowie die Dauer ihres Auftretens sind immer von der Wetterlage abhängig. Wind, Wolken und Niederschläge spielen hier eine große Rolle für das Verhalten des Fallouts. Hier lässt sich keine zuverlässige Prognose erstellen. Abhängig von der Wetterlage kann es zur Bildung von Hotspots kommen, aber auch komplett falloutfreie Bereiche sind möglich. Radioaktiver Niederschlag kann sich bis in einige tausend Kilometer entfernte Gebiete verteilen.

Fallout kann sich auch deutlich sichtbar äußern: Augenzeugen aus Hiroshima und Nagasaki berichteten von einem »schwarzen Regen« als ersten Fallout mit pechschwarzen Tropfen, der den Menschen zu allem Leid noch zusätzlich Tod und Verderben brachte.

Wird der Mensch dem Fallout direkt ausgesetzt, gleicht dies der Wirkung von Initialstrahlung. Eine Verunreinigung muss daher, sofern es die Umstände zulassen, vermieden oder sofort beseitigt werden, falls sie auf dem Körper landet. Lesen Sie mehr dazu im Kapitel »Dekontamination«.

Nuklearer elektromagnetischer Puls (NEMP)

Ein hochenergetisches Ladungsfeld, das sich bei Atombombendetonationen binnen Millisekunden aufbaut, wird als Nuklearer elektromagnetischer Impuls (NEMP) bezeichnet. Dabei entsteht eine Energiefreisetzung mit einem Vielfachen der Energie und der Geschwindigkeit eines Blitzes. Die Ausbreitung des NEMP kann sich über mehrere Hundert Kilometer erstrecken.

Für den Menschen ist das in keiner Weise problematisch. Jedoch kommt es zu schweren Schädigungen mancher Technologien, in denen Halbleiter verwendet werden. Elektromagnetische Impulse können elektrische und vor allem elektronische Bauteile im Wirkungsbereich zerstören. Besonders hochtechnisierte, wohlhabende Länder wie Deutschland sind durch einen NEMP sehr verletzlich, weil die gesamte Volkswirtschaft sowie das Leben der Menschen auf dieser Technologie aufbauen. Alle diesem Impuls ausgesetzten Halbleiter verlieren auf einen Schlag ihre Funktion. Und gerade die Halbleitertechnologie findet man in den meisten elektronischen Geräten wie Computern, Fernsehern, Smartphones, Beatmungsgeräten, Auslösern von Airbags in Fahrzeugen und so weiter. Sämtliche Mikroprozessoren sowie Mikrocontroller werden mit Halbleitern betrieben.

Ein nuklearer elektromagnetischer Impuls (NEMP) ist ein hochenergetisches Ladungsfeld, das als Folge einer Nukleardetonation in Bodennähe, vor allem aber in großer Höhe, entsteht

Das Bundesamt für Bevölkerungsschutz beschreibt die Folgen eines NEMP so:

»Der (N)EMP kann alle elektronisch gestützten Maschinen vom Flugzeug bis zum Herzschrittmacher stören oder zerstören, er gefährdet die zentralen Systeme von Rundfunk, Rettungswesen, Krankenhäusern, Energieversorgung und Bahntransport – mit entsprechender Gefahr für das Warnwesen, die Patientenversorgung und Evakuierungen.«[3]

Selbst bis ins Weltall wären die Folgen eines NEMP spürbar, denn er hätte die Deaktivierung von Satelliten zufolge, was gravierende Ausfälle in der Logistik und Navigation mit sich bringen würde. Satellitennavigationssysteme wie GPS, GLONASS oder GALILEO würden nicht mehr funktionieren. Das hätte erhebliche Negativauswirkungen in vielen Bereichen, und Versorgungsketten würden gänzlich zusammenbrechen.

Bitte beachten Sie, dass bei der Detonation einer Atombombe viele weitere Variablen hinsichtlich der Auswirkungen eine Rolle spielen können, die niemand vorhersagen kann.

---

3 Bundesamt für Bevölkerungsschutz und Katastrophenhilfe: Schriften der Schutzkommission. Band 4, 2011.

Auswirkungen für die Bevölkerung

Selbst wenn Sie nach dem Lesen der nächsten Abschnitte angesichts meiner Schilderungen im Geiste resignieren sollten, bedenken Sie bitte: Überleben ist möglich! Dieses Kapitel ist zweifelsfrei harter Tobak. Dennoch muss ich Ihnen die Realität vor Augen führen, damit Sie den Worst Case besser einordnen und sich darauf vorbereiten können.

Nur wenn Sie sich über die Auswirkungen für die Bevölkerung im Klaren sind, können Sie sich mental damit befassen und Ihre Psyche zu einem Teil darauf einstellen. Das hat für Sie den Vorteil, dass Sie den Ernstfall besser einschätzen und sich dementsprechend auch bei Ihrer Vorsorge optimaler mit der Planung auseinandersetzen können.

Sie haben im vorherigen Kapitel erfahren, welche Zerstörungseffekte eine Atombombe mit sich bringt. Auf die hochdestruktiven Eigenschaften folgen Szenarien, die auf lange Sicht viel Elend mit sich bringen und unzählige Menschenleben fordern werden.

Nuklearer Winter

Im Falle eines Atomangriffs tritt in dem betroffenen Land sowie den Nachbarländern mit hoher Wahrscheinlichkeit großflächig ein nuklearer Winter ein. Infolge der Kernwaffenexplosionen werden große Mengen Staub und Asche in die Atmosphäre geschleudert. Ein großer Teil des Sonnenlichts wird damit absorbiert, und die Erdoberfläche kühlt ab. Dazu kommt noch die nach den Detonationen entstehende starke Rauch- und Rußentwicklung, die aus großen Flächenbränden resultiert. Auch diese wird temporär zu einer Trübung der Atmosphäre führen. Außerdem vermuten Forscher, dass das Verbrennen von Kunststoffen und Öl einen gefärbten Rauchschleier entstehen lässt, der die Trübung des Himmels zusätzlich verstärkt.

Das vom Staub und Rauch geschluckte Sonnenlicht wird für einen Temperatursturz sorgen. Niederschlagsmuster würden sich gravierend verändern. Für Mensch und Natur hätte das verheerende Folgen. Der Klimaforscher Alan Robock von der Rutgers University in New Jersey hat im Jahr 2014 Szenarien modelliert, bei dem mehrere Nuklearwaffen in einem regionalen Atomkrieg eingesetzt würden. Dabei ist er zu einer beunruhigenden Erkenntnis gekommen: Je nach der in dem Konflikt eingesetzten nuklearen Sprengkraft würden sich die Temperaturen im Schnitt zwischen 3 und 5,5 Grad Celsius absenken. Bei -5 Grad wäre das Niveau erreicht, das auf dem Höhepunkt der letzten Eiszeit vor rund 21 000 Jahren herrschte.[4] Deutsche Wissenschaftler, die unter anderem am Potsdam-Institut für Klimafolgenforschung (PIK) tätig sind, bestätigen diese Annahmen.

Forscher vom Los Alamos National Laboratory (LANL) legten dagegen eine Abhandlung vor, in der sie zu dem Schluss kommen, dass keine Beeinträchtigung des Weltklimas durch einen regionalen Atomkrieg zu erwarten ist.[5]

---

4 Owen B. Toon, Charles G. Bardeen, Alan Robock, Lili Xia, Hans Kristensen: »Rapidly expanding nuclear arsenals in Pakistan and India portend regional and global catastrophe«, *https://www.science.org/doi/10.1126/sciadv.aay5478.*

5 Jon Reisner, Gennaro D'Angelo, Eunmo Koo, Wesley Even, Matthew Hecht, Elizabeth Hunke, Darin Comeau, Randall Bos and James Cooley: Climate Impact of a Regional Nuclear Weapons Exchange, *https://agupubs.onlinelibrary.wiley.com/doi/pdf/10.1002/2017JD027331.*

Der Ausbruch des Tambora gilt als der stärkste in historischer Zeit. Die Explosion im April 1815 hatte die Kraft von mehreren Millionen Wasserstoffbomben

Bilden Sie sich hierzu Ihre eigene Meinung. Ich schließe die Wahrscheinlichkeit eines nuklearen Winters keineswegs aus, da sie für mich schlüssig klingt. Ein ähnliches Szenario, jedoch vor dem Hintergrund einer Naturkatastrophe, wurde in der jüngeren Geschichte dokumentiert: Vom 5. bis 11. April 1815 schleuderte der Vulkan Tambora auf der östlich von Java gelegenen Insel Sumbawa gewaltige Staub- und Aschemassen viele Kilometer hoch in die Atmosphäre. Durch Winde kam es zu einer globalen Verteilung, was in einer fatalen Klimaveränderung mündete, weil auch hier die Sonne nicht mehr bis zur Oberfläche der Erde durchdringen konnte. Die Folge war, dass es in vielen Teilen der Erde eiskalt wurde, und das selbst im Sommer. Dieses Jahr wurde auch als »Jahr ohne Sommer« bekannt. In der nördlichen Hemisphäre kam es zur schlimmsten Hungersnot des 19. Jahrhunderts, verursacht durch Missernten und das vermehrte Sterben von Nutztieren.

Elend und Armut

Nach dem Atomangriff wird eine Elends- und Armutswelle auf die Überlebenden zukommen. Viele Menschen werden ihr gesamtes Hab und Gut verloren haben, und es werden große Flüchtlingsströme einsetzen, wie es in den Weltkriegen des letzten Jahrtausends der Fall war, weil sich die Menschen vor den Folgen des Krieges in Sicherheit bringen mussten. Während dieser Flüchtlingsströme wird sich viel Leid ereignen. Schwangere Frauen werden ohne medizinische Hilfe gebären, Flüchtlinge einander berauben, Kranke unterwegs versterben, und tote Körper werden den Wegesrand säumen. Es wird an allem fehlen: an Nahrungsmitteln, Trinkwasser, Medikamenten, Hygieneartikeln und vielem mehr. Der Gesundheitszustand vieler Menschen wird sich allein schon deshalb deutlich verschlechtern, weil sie nicht über witterungstaugliche Bekleidung verfügen und den niedrigen Temperaturen nicht standhalten können. Für viele wird es ein Spießrutenlauf werden, weil niemand wissen kann, ob er gerade ein durch radioaktive Strahlung verseuchtes Gebiet durchkreuzt. Menschen, die nicht flüchten wollen oder nicht dazu in der Lage sind, werden in den Trümmern Notbehausungen errichten, es kommt zur Bildung von Slums. Die Lebensbedingungen dort werden katastrophal sein.

Hungersnot

Die Ernährungslage wird für große Teile der Bevölkerung prekär werden. Einerseits aufgrund des (temporären) nuklearen Winters und dessen Folgen wie Missernten, verursacht durch das nicht bis zur Erde vordringende Sonnenlicht. Andererseits wegen der Zerstörung und Verstrahlung von Nahrungsmitteln. Die Angst vor einer Kontamination mit Radioaktivität wäre allgegenwärtig. Die Menschen können nicht wissen, ob sie eine gefundene Konserve essen können oder sich damit bei der Einnahme radioaktiv verseuchen. Selbst wenn auf den Feldern Essbares wachsen sollte oder sie im Wald zum Beispiel Erdbeeren finden, werden sie nicht wissen, ob sie diese zu sich nehmen dürfen. Die

Die Angst vor einer Kontamination mit radioaktiv verseuchten Lebensmitteln wäre allgegenwärtig

Bequemlichkeit der Bevölkerung vor der Krise rächt sich jetzt mit voller Härte. Anstatt einen Mindestvorrat an Lebensmitteln und Trinkwasser für einen Monat vorzuhalten, haben die meisten Bürger falsche Prioritäten gesetzt und ihr Geld in unwichtige Dinge investiert, die ihnen im Krisenfall nichts mehr nützen. Die meisten, die ich kenne, besitzen ein Netflix-Abo, jedoch investiert keiner von ihnen den gleichen Monatsbeitrag in die essenzielle Krisenvorsorge. Im Fall der Fälle wird der Hunger allgegenwärtig sein. Auch die Nahrungsmittelvorräte des Staates, die für solche Katastrophenfälle eingelagert wurden, werden die meisten nicht erreichen. Vielmehr werden sie aufgrund der zerstörten Infrastruktur auch gar nicht in dem Maße verteilt werden können, wie es nötig wäre.

Hungern werden nur diejenigen nicht, die zuvor belächelt wurden, weil sie sich mit Bevorratung befasst und Nahrung eingelagert haben.

Lähmung von Wirtschaft und Regierung

Die Wirtschaft wird stark beschnitten sein und in einigen Bereichen komplett zusammenbrechen. Das lässt sich durch teilweise oder gänzliche Zerstörung von Produktionsstätten und -ketten im Zuge der Atombombendetonation erklären. Industriestandorte können aber auch vollkommen intakt sein, jedoch in einem stark verstrahlten Gebiet liegen, was es unmöglich macht, die Produktion wieder anzuschieben. Kein Mensch will und kann hier wegen akuter Lebensgefahr freiwillig arbeiten. Hinzu kommt, dass eine funktionierende Wirtschaft auf Ressourcen angewiesen ist. Sind die Nachschubwege zerstört, kann nicht produziert oder gehandelt werden. Und da bei einem Angriff auf ein Land die Zerstörung der Infrastruktur aus strategischer Sicht gewollt ist, wird ihr Fehlen eine Wiederbelebung der Wirtschaft behindern. Mit anderen

Die Folgen einer zerstörten Infrastruktur: Alles, was für das tägliche Leben gebraucht wird, kann wahrscheinlich nicht hergestellt werden

Worten: Alles, was Sie für das tägliche Leben brauchen, kann wahrscheinlich nicht hergestellt werden. Weder Nahrung noch Bekleidung, Medikamente und so weiter. Wie lange dieser Zustand anhalten würde, kann leider niemand voraussagen.

Es ist naheliegend, dass bei einem Atomangriff die aktuelle Regierung des angegriffenen Landes ausgeschaltet werden soll. Insofern dürfte es logisch sein, dass Berlin als Regierungssitz und Bonn mit weiteren Ministerien hochinteressante Ziele für einen Atomangriff sein werden. Vermutlich wird es so sein, dass die meisten Regierungsmitglieder bei einem Angriff getötet werden. Die Führung der Bundesrepublik Deutschland wäre nicht mehr vorhanden, was für einen nicht näher zu bestimmenden Zeitraum zu anarchischen Verhältnissen führen wird. Aufgrund von fehlenden Sicherheitsorganen wie der Polizei oder anderen Ordnungsbehörden wird es mancherorts zu kriminellen Handlungen kommen, die andere Personen schwerwiegend schädigen. Raub, Vergewaltigung, Plünderungen, Mord werden keine Seltenheit mehr sein. Es ist denkbar, dass Gruppierungen mit Clancharakter, die teilweise jetzt schon in hoch krimineller Weise agieren, diese gesetzesfreie Zeit ausnutzen und die Gewaltspirale weiter eskaliert.

Regeln, Verordnungen und Gesetze wären bis auf Weiteres nicht mehr gültig. Es ist niemand vor Ort, der diese noch kontrollieren respektive auf deren Einhaltung achten kann. Ein führungsloser Staat ist wie ein manövrierunfähiges Schiff, das mit voller Geschwindigkeit auf einen Eisberg zufährt. Stattdessen würde der Tausch- und Schwarzmarkt blühen, und manche Waren oder Lebensmittel wären nur gegen horrende Preise erhältlich.

Leichenbeseitigung

Nach einem Atomschlag wird es eine ungeheuer hohe Zahl an Leichen geben, die aus hygienischen Gründen »entsorgt« werden müssen. Dies wird eine der ersten Tätigkeiten sein, die zwingend durchgeführt werden müssen, um die

Um die Ausbreitung von Seuchen und anderen Krankheiten zu verhindern, müssen die Toten »entsorgt« werden

Ausbreitung von Seuchen und anderen Krankheiten zu verhindern. Vielleicht stellt sich manchem Leser berechtigterweise die Frage, warum man die Toten nicht erst einmal liegen lassen kann und andere wichtige Maßnahmen zum Schutz und Überleben der Bevölkerung trifft? Die Antwort hierauf ist einfach: Leichen und vor allem Leichen in dieser Menge bieten nicht nur ideale Brutstätten für Insekten, die für Menschen gefährliche Krankheiten übertragen – was schon schlimm genug ist –, sie vergiften außerdem das Trinkwasser. Sie sind tickende Zeitbomben für die Wasserversorgung, falls diese noch halbwegs intakt ist. Daher ist es wichtig, dass die Verstorbenen so schnell wie möglich beseitigt werden.

Eine große Zumutung ist auch die Geruchsbildung, die von toten Körpern ausgeht. Dabei spielt es keine Rolle, ob es sich um menschliche oder tierische Kadaver handelt. Es entsteht ein weithin wahrnehmbarer, unerträglicher Gestank, der einem nicht mehr aus der Nase geht. Dies geschieht mit dem Einsetzen der Verwesung als Folge der Autolyse (Selbstauflösung). Gerade in den Ballungsräumen dürfte der Verwesungsgeruch eine erhebliche Belastung für die Überlebenden darstellen.

Doch wer soll sich um all die Leichen kümmern? Und wohin mit ihnen? Da es sein kann, dass das betroffene Gebiet durch radioaktiven Niederschlag stark kontaminiert ist, stellt sich diese Frage durchaus. Kein Mensch wird sich hier gern in Gefahr begeben, denn bei der »Entsorgung« der Leichen besteht ein hohes Gefährdungspotenzial, sich mit radioaktiver Strahlung zu belasten. Je nach Liegezeit der Toten und abhängig von den herrschenden Temperaturen sind einige Leichen nur schwer zu bergen. Beim Transport können sich Haut oder Extremitäten vom Körper ablösen; diese müssen dann separat eingesammelt werden. Dies kann – vom Ekelfaktor einmal abgesehen – auch zur Übertragung von Krankheiten führen, weshalb diejenigen, welche die Leichen entsorgen, auch bestimmte Schutzvorkehrungen treffen müssen, wie zum Beispiel das Tragen einer medizinischen Schutzmaske oder gar eines Schutzanzugs. All das wird aber nicht überall zwingend vorhanden sein, weshalb hier improvisiert werden muss.

Das nächste Problem: Es wird Brennstoff benötigt, um die Leichen zu kremieren. Einen toten Körper kann man nicht einfach entzünden, das funktioniert nicht. Folglich muss genügend Benzin, Holz und so weiter vorhanden sein, um ein großes Feuer zu starten. Die Frage wird sein, ob brennbares Material allerorts verfügbar sein wird, um diese Maßnahmen effektiv durchführen zu können.

Dekontamination

Unter diesem Begriff versteht man die Entfernung gefährlicher Substanzen von Gegenständen, Menschen und Tieren – in unserem Fall also die Beseitigung von radioaktivem Niederschlag. Mancherorts wird auch der Begriff »Entstrahlung« verwendet. Wie Sie richtig dekontaminieren, erkläre ich eingehend im Kapitel »Die Zeit danach«.

Wiederaufbauphase

Wie nach allen Kriegen und Katastrophen dauert es eine gewisse Zeit, bis die Wiederaufbauphase beginnen kann. Zu viele wichtigere Dinge stehen bis dahin im Vordergrund. Das Sichern des weiteren Überlebens wird für die Menschen immer erste Priorität haben. Not macht erfinderisch, und die Bevölkerung wird versuchen, so schnell wie möglich die Zustände im eigenen Land zu verbessern. Jedoch wird die Wiederaufbauphase dauern und wegen der zerstörten Infrastruktur und fehlender Ressourcen behindert werden. Wichtige Verteilerzentren wie Bahnhöfe, Flughäfen oder das Straßennetz müssen teilweise erst wieder instand gesetzt oder gar neu gebaut werden. Selbstverständlich ist die Wiederaufbauphase vom Grad der Zerstörung abhängig sowie der Frage, ob manche Gebiete wegen Kontamination überhaupt noch bewohnt oder bewirtschaftet werden können.

Eine der Hauptaufgaben, welche die Bevölkerung nach einem Atomangriff zum Überleben stemmen muss, ist die gründliche Dekontamination. Diese würde sich nicht nur auf Personen, Gegenstände und Tiere beschränken, sondern müsste gegebenenfalls auch auf Gebäude, Fahrzeuge, Gärten, Parks, Straßen, landwirtschaftliche Flächen, Hausfassaden, Innenräume und so weiter ausgeweitet werden. Das erfordert große Ressourcen an Manpower, Wasser und Reinigungsgeräten wie Besen, Bürsten, Lappen sowie Schutzausrüstung für die durchführenden Personen.

Es werden Tage, Wochen oder sogar Monate vergehen, bis manche kontaminierte Gebiete wieder sicher sind und bewohnbar oder genauer gesagt nutzbar werden. Die Witterung kann dabei hilfreich sein, denn Regen spült Fallout von Oberflächen, Fassaden oder Pflanzen ab. Schnee bindet ihn und transportiert ihn beim Schmelzen ins Erdreich.

Chaotisches Gesundheitswesen

Das Gesundheitswesen wird fast vollständig zum Erliegen kommen. Verletzte werden nur unter stark improvisierten Bedingungen behandelt werden können. Die Vorräte an Verbandsmaterial und Medikamenten werde wegen der

Vielzahl der lädierten Personen nach einem Atomangriff schnell zur Neige gehen. Der Nachschub kommt ins Stocken, denn Verbandsmaterialien sind möglicherweise radioaktiv verseucht oder können nicht zu den Krankenhäusern gebracht werden. Die Industrie kann nicht neu produzieren, weil Fertigungsstätten möglicherweise verseucht sind, kein Strom mehr da ist oder die Mitarbeiter aus Angst vor Kontamination mit Radioaktivität nicht zur Arbeit erscheinen beziehungsweise aus gesundheitlichen Gründen nicht kommen können. Falls überhaupt noch genügend Fachkräfte vorhanden sind.

Im Katastrophenfall können nicht alle Patienten mit dem medizinisch Notwendigen versorgt werden

Aufgrund der unzureichenden Ressourcen wird das medizinische Personal die sogenannte Triage durchführen müssen. Das bedeutet, dass die Patienten nach der Schwere ihrer Verletzungen eingeteilt werden. So kann es sein, dass leicht bis mittelschwer verletzte Personen erst gar nicht behandelt und wieder weggeschickt werden. Lediglich den Schwerverletzten kommt dann eine medizinische Versorgung zu. Trotzdem ist es sehr wahrscheinlich, dass die Krankenhäuser überfüllt sein werden und auf jedem freien Quadratmeter ein Verletzter auf seine Behandlung warten wird. Körpersekrete und -ausscheidungen wären aufgrund von Strahlenkrankheit und Verletzungen in jenen Bereichen, an denen Menschen auf Behandlung warten, allgegenwärtig. Überall, wo Patienten liegen oder stehen, werden diese aufgrund von Verstrahlung oder Schmerzen alles unkontrolliert von sich geben. Kot, Erbrochenes, Urin und

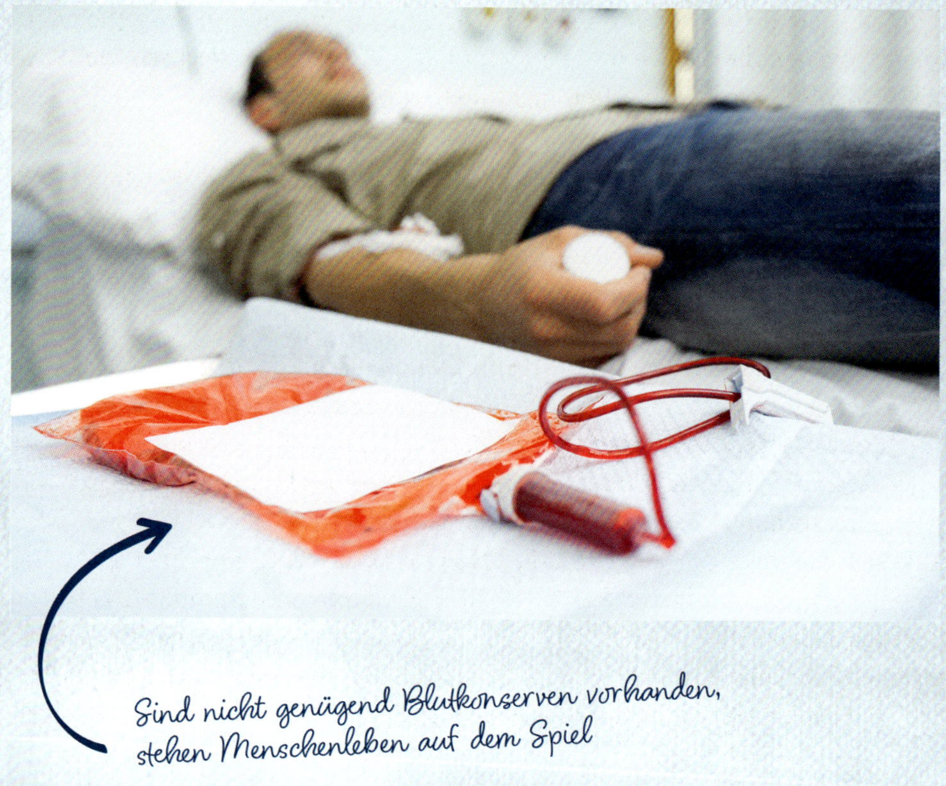

Sind nicht genügend Blutkonserven vorhanden, stehen Menschenleben auf dem Spiel

Blut wird Wände und Fußböden bedecken, und der Gestank wird unerträglich sein. Unzählige Fliegen werden auf den Wunden der Patienten sitzen, und jeder, der sich an diesen Orten aufhält, wird schnell an seine Grenzen der Belastbarkeit kommen.

Die Behandlung von verletzten Personen durch die Ärzte und das Pflegepersonal wird ebenfalls nur stark improvisiert erfolgen können. Hilfesuchende werden auf dem Boden, in umgestalteten Räumen der Kliniken sowie außerhalb in Zelten versorgt werden müssen. Mancherorts werden in den Gemeinden vielleicht Erste-Hilfe-Sammelpunkte errichtet, um Betroffene notdürftig zu behandeln. Bei einem Großteil der Verletzungen wird es sich um Explosions- und Brandverletzungen handeln, und viele werden ohne Behandlung daran versterben. Gerade Brandverletzungen werden größtenteils nicht ausreichend versorgt werden können, da diese schon zu »normalen« Zeiten viel Personal binden. Zumeist ist hierbei mehr als nur eine Operation und zusätzlich eine mehrwöchige Therapie vonnöten. Schon das regelmäßige Wechseln der Spezialverbände ist in Krisenzeiten nicht mehr gewährleistet.

Ein Teil der Mediziner wird bei der ärztlichen Hilfe sicherlich das eigene Umfeld priorisieren und erst spät, wenn überhaupt für die Öffentlichkeit agieren, was man ihnen nicht verdenken kann. Daher wären auch aus diesem Grund Personallücken bei der Versorgung vorhanden. Da nach einem Atomschlag nicht genügend Ärzte und Pfleger zur Verfügung stehen werden, stellt sich auch hier schnell das Chaos ein. Wahrscheinlich wird bei den Schwerverletzten eine medizinische Behandlung erst nach Tagen erfolgen. Das ist sicherlich noch optimistisch gerechnet. Die moderne Diagnostik wird nicht oder nur eingeschränkt nutzbar sein, da diese auf elektrische Energie angewiesen ist, die nicht vorhanden sein wird. So kann beispielsweise kein Ultraschall oder Röntgen durchgeführt werden. Selbst wenn ein Atomangriff weiter als 100 Kilometer entfernt stattgefunden hat – die Folgen der Atombombe wirken sich auch noch in der Ferne aus. Höchstwahrscheinlich wird der nukleare elektromagnetische Impuls (NEMP) auch einen Teil der elektronischen Komponenten (die Halbleiter) der medizinischen Geräte zerstört haben.

Der traurige Höhepunkt des medizinischen Durcheinanders wird sein, dass sehr rasch kaum noch Blutkonserven vorhanden sein werden. Was das für Schwerverletzte beutetet, kann jeder erahnen.

Denjenigen, die bisher nicht infolge von Verletzungen, Verbrennungen oder Verstrahlungen umgekommen sind, droht in der Folgezeit der Tod durch ansteckende Infektionskrankheiten, die sich schnell ausbreiten werden. Die Vielzahl der Leichen wird die Übertragung von Seuchen noch begünstigen. Es wird nach einer großräumigen Katastrophe wie einem Atomschlag nicht möglich sein, alle Toten so schnell zu verbrennen, wie es nötig wäre. Profitieren werden lediglich die Parasiten und Insekten. Da Insekten in der Regel widerstandsfähiger gegenüber Temperaturschwankungen sowie radioaktiver Strahlung sind, werden diese bei uns in Mitteleuropa längst ausgerottete Krankheiten wiederbeleben. Altbekannte Kandidaten wie Pest, Cholera, Typhus oder Diphtherie werden wieder in unserer Mitte Einzug halten und weiteres Leid fördern. Da die Jüngsten nicht mehr geimpft werden können, werden Kinderkrankheiten wie Masern oder Keuchhusten problematisch. Dies wird zu einer erhöhten Kindersterblichkeit führen.

Seuchen

Für das Entstehen von Seuchen spielen die hygienischen Verhältnisse eine große Rolle. Das Verbessern der Hygienebedingungen hat neben den Impfungen in den Jahrzehnten des letzten Jahrtausends dazu geführt, dass viele Infektionskrankheiten ausgerottet werden konnten. Doch nach einem Atomschlag geht es in der Zeitrechnung der Hygiene wieder mehr als 100 Jahre zurück: Im Umfeld der Orte, an denen Detonationen stattgefunden haben, werden die hygienischen und sanitären Verhältnisse für die Überlebenden einen katastrophalen Zustand erreichen.

Sauberes Wasser wird Mangelware sein. Ansteckende Krankheiten werden sich ausbreiten und Todesopfer fordern. Menschen werden sich überall erleichtern. Abfälle und noch nicht geborgene Leichen ziehen Insekten und Ungeziefer an. All das wird zur Ausbreitung von Seuchen führen. Da es an Impfstoffen, Medikamenten und Hygienemaßnahmen mangelt, ist ein längerer Zeitraum im Angesicht dieser Problematik denkbar.

Psychologische Folgen

Die Erlebnisse der Menschen, welche die Atomangriffe auf Hiroshima und Nagasaki überlebt haben, wurden umfänglich in Büchern und Berichten für die Nachwelt festgehalten. Was man diesen Aufzeichnungen entnehmen kann, kommt sicherlich nicht annähernd an das heran, was die Überlebenden durchmachen und noch lange danach durchstehen mussten. Was aber nicht von der

Hand zu weisen ist, ist die Tatsache, dass viele Betroffene ein Leben lang an den Folgen und Traumata leiden werden. Denn natürlich wird die Tatsache, dass man von einem Tag auf den anderen mit dem Tode konfrontiert ist, zu lang anhaltenden psychischen Schäden führen.

Zudem sind es nicht nur die physischen Verletzungen, die unzähligen Toten, die persönlichen Verluste in der Familie oder im Freundeskreis und das ganze anschließende Elend, mit dem die Bevölkerung zurechtkommen muss. Auch die Angst der Überlebenden vor Verstrahlung und dem darauffolgenden qualvollen Tod setzt die Psyche unaufhörlich unter Stress.

Vorsorge für den Fall eines Atomangriffs

Wie bei vielen Ereignissen kommt die traurige Erkenntnis im Nachhinein oft zu spät, und es stellt sich die Frage: »Warum habe ich nicht …?« Sollte ein Angriff auf Deutschland erfolgen, wird sich eine Verkettung von Umständen wie Hunger, Elend, Mangel und so weiter über einen gewissen Zeitraum hinweg erstrecken. Diese Zeit müssen Sie überbrücken, doch die gute Nachricht ist: Das können Sie gewährleisten!

Die meisten Menschen werden in keiner Weise vorbereitet sein; sie werden weder Vorräte noch Dinge des täglichen Bedarfs auf Lager haben – und das wird für diese Zeitgenossen zu einem existenz- und lebensbedrohlichen Problem werden. Der Nachschub ist abgeschnitten, es wird keine Versorgung mehr mit Lebensmitteln geben, Trinkwasservorräte gehen zur Neige, das Heizen wird nicht funktionieren, da es keinen Strom mehr gibt. Alltägliche Dinge wie Toilettenpapier, Tampons oder Seife werden zur Mangelware. Um für diese Zeiten besser aufgestellt zu sein, müssen Sie Ihr Schicksal selbst in die Hand nehmen. Das können Sie nur, wenn Sie sich auf solch ein Szenario vorbereiten.

Die ernüchternde Wahrheit ist, dass der Staat Sie nicht vor einem Atombombenangriff und dessen Folgen schützen kann. Kein Staat auf diesem Planeten kann das. Daher ist es von Bedeutung, dass Sie sich selbst um Ihren Schutz kümmern und Ihre Überlebenschancen steigern. Je besser Sie vorsorgen, desto größer sind Ihre Chancen.

Sollten Sie sich in der Vergangenheit schon mit Krisenvorsorge befasst und bereits Maßnahmen getroffen haben, wäre meine Empfehlung, dass Sie Ihr Krisenkonzept noch mal in einigen Punkten überdenken und in manchen Bereichen massiv aufstocken. Ein Atomangriff ist, einmal abgesehen von der Zerstörung und der Strahlung, hinsichtlich der Vorsorge nicht in allen Bereichen mit einem Blackout oder einer Naturkatastrophe zu vergleichen. Hier kommen viele weitere Parameter hinzu, und die Dauer der Folgen ist nur schwer absehbar. So manche Maßnahme des herkömmlichen Preppers lässt sich in diesem Szenario nicht realistisch umsetzen. Beispielsweise geht unter anderem die Sicherstellung der Stromversorgung mithilfe von Solaranlagen nicht auf. Da der Himmel mit einer großen Staubschicht bedeckt ist, kommen keine Sonnenstrahlen durch, die etwa das Laden von elektrischen Geräten ermöglichen. Das beträfe jegliche Solarladetechnologie. Und so verhält es sich bei einigen Anschaffungen, die zwar für »normale« Katastrophen sinnvoll sind, nicht aber im Falle eines Atomangriffs. Aus diesem Grund müssen Sie möglicherweise auch hier nachsteuern.

Ich möchte darauf hinweisen, dass ich in diesem Buch keine detaillierten Krisenvorsorgeratschläge bezüglich der Bevorratung und des Equipments geben kann. Das würde den Rahmen dieses Ratgebers sprengen. Mehr zum Thema Vorbereitung auf eine Krise, wie etwa einen längerfristigen Stromausfall, können Sie in meinem Ratgeber *Blackout* erfahren, der auch im Kopp-Verlag erschienen ist. Deshalb liste ich im Folgenden nur die wichtigsten Punkte auf, die für Sie von Relevanz sind. Ratsam wäre es, wenn Sie sich ein persönliches, gründlich durchdachtes Konzept für die Krisenvorsorge erarbeiten. Falsch wäre es, in vorschnellen Aktionismus zu verfallen. Zuerst sollten Sie eine individuelle Bestandsaufnahme vornehmen, und erst dann überlegen, was Sie noch anschaffen oder welche Punkte Sie noch abarbeiten müssen. Es besteht sonst das Risiko, dass Sie unnötig Zeit und Geld verschwenden, das Sie an anderer Stelle benötigen.

Bevorratung

Ich empfehle Ihnen, sofort mit der Bevorratung zu beginnen. Das bedeutet, dass Sie für das (Über)Leben nach einem Atomangriff alle dringend benötigten Dinge anschaffen, um für den Fall der Fälle gewappnet zu sein. Vielleicht fühlen Sie sich bei dem Gedanken ein wenig unbehaglich, weil die Medien in den vergangenen Jahren Menschen, die Krisenvorsorge betrieben, gern als Spinner dargestellt haben. Doch lassen Sie sich davon nicht beirren. Wenn Sie eine Bevorratung durchführen, sind nicht Sie es, der verrückt ist, sondern die, die es nicht tun! Selbst das Bundesamt für Bevölkerungsschutz und

Katastrophenhilfe rät den Bürgern dazu, einen für 10 Tage ausreichenden Vorrat vorzuhalten, mit dem man längerfristige Stromausfälle, Naturkatastrophen und so weiter überbrücken kann. Entsprechende Broschüren können Sie sich kostenlos auf der Webseite des BBK herunterladen.

Für den Atomangriff sollte man sich nicht nur intensiver bevorraten, sondern auch für einen deutlich längeren Zeitraum planen. Dazu zählen die Versorgung mit Geräten zum Erzeugen von Wärme, die Trinkwasserbevorratung sowie das Lagern von Nahrungsmitteln, gängigen und benötigten Medikamenten, ausreichend Decken, warmer Bekleidung und so weiter.

Es ist wichtig, dass Sie von allem eine ausreichende Menge anschaffen, um möglichst lange autark zu bleiben. Alles, was dem unmittelbaren Überleben dient, ist von Bedeutung. Kein Mensch wird Ihnen sagen können, wann in so einem Fall der Nachschub wieder gewährleistet ist und wie lange Sie auf sich allein gestellt sein werden. Sie müssen deshalb Ihr Schicksal selbst in die Hand nehmen und für sich selbst sorgen.

Heizmöglichkeit

Den nuklearen Winter hatte ich schon beschrieben. Sie müssen daher davon ausgehen, dass nach einem Atomschlag das ganze Jahr über kalte Außentemperaturen herrschen werden. Kälte ist der größte Feind des Überlebens, sofern es uns Menschen betrifft. In Ihrem Refugium könnte es also dauerhaft eiskalt sein. Machen Sie sich deshalb Gedanken über eine Heizmöglichkeit, mit der Sie zumindest einen Raum, in dem Sie sich dann aufhalten, aufwärmen können. Bitte bedenken Sie: Es wird möglicherweise nach einem Atombombenangriff auf unbestimmte Zeit keinen Strom mehr geben. Heizungen, Radiatoren und auch manche Öfen jedoch benötigen zum Betrieb elektrische Energie. Sie sollten sich daher auf eine alternative Wärmequelle fokussieren. Das kann etwa ein Petroleumofen sein, auf dem Sie je nach Ausführung idealerweise auch noch kochen können. Dazu gehört aber auch das Einlagern von Brennstoff, um den Ofen über einen längeren Zeitraum betreiben zu können. Heizen Sie bereits mit einem Holzofen, müssen Sie für ausreichend Holzvorräte sorgen. Denken Sie bitte daran, diese abgedeckt in einem Gebäude zu lagern.

Ich schreibe es zur Sicherheit noch einmal: Planen Sie bei Ihrer Krisenkalkulation Brennstoff für ein Jahr ein. Kalkulieren Sie so, dass Sie mindestens etwa 4 bis 6 Stunden am Tag einen Raum beheizen können.

Machen Sie sich Gedanken zu alternativen Wärmequellen, wie zum Beispiel einen Petroleumheizofen, auf dem Sie je nach Ausführung idealerweise auch noch kochen können

Nahrung

Hunger ist eine der schlimmsten Folgen, die ein Atombombenangriff auf längere Sicht erzeugen wird. Die Bevölkerung wird darben, und es wird zu vielen Todesopfern kommen. Kontaminierte Felder und verstrahltes Weidevieh schränken die Landwirtschaft ein und lassen die Erzeugung von Nahrungsmitteln nicht zu. Lebensmittelhersteller werden mangels Rohstoffen, Personal oder aufgrund zerstörter oder verstrahlter Produktionsstätten kaum oder gar keine Nahrungsmittel produzieren können.

Ein ausreichender Bestand an Lebensmitteln wird dabei eine der wichtigsten Aspekte Ihrer Bevorratung sein. Lagern Sie pro Person Nahrung für einen

Zeitraum von mindestens 12 Monaten ein. So lange müssen Sie auf der sicheren Seite sein. Setzen Sie dabei auf Konserven und andere lange haltbare Nahrungsmittel. Ich empfehle Ihnen außerdem, ein Kontingent an Komprimatverpflegung anzulegen. Dabei handelt es sich um geröstete Getreideriegel, die mit Vitaminen und Mineralstoffen ergänzt sind und auf verschiedene Arten verzehrt werden können. Sie sind mehrere Jahre haltbar, robust und nahrhaft.

Ich habe mit vielen Menschen sprechen können, die sich mit Selbstversorgung auf Krisen- und Katastrophen vorbereitet haben, was im Ansatz auch richtig und erstrebenswert ist. Diese Leute bauen Obst und Gemüse an und halten Tiere wie Ziegen, Schafe, Hühner und so weiter, um den Nahrungsmittelnachschub sicherzustellen. Sich aber allein auf diese Art der Autarkie zu verlassen, wäre für den Fall eines Atomangriffs zu kurzfristig gedacht. Sie sollten sich immer darüber im Klaren sein, dass aufgrund des nuklearen Winters wenig bis gar kein Pflanzenwachstum stattfinden kann. Es besteht zudem die hohe Wahrscheinlichkeit, dass Sie aufgrund des verstrahlten Erdreichs in Ihrer Region kein Obst und Gemüse anbauen können. Wie wollen Sie Ihre Tiere füttern, wenn keine Futterpflanzen, Wiesen oder Weiden mehr vorhanden sind? Gehen Sie deshalb auf Nummer sicher und lagern Sie Nahrung ein. Selbstversorgung für den Fall der Fälle ist immer nur komplett möglich mit einem Vorrat an zusätzlich lang haltbaren Lebensmitteln.

Diese Nahrung ist Jahrzehnte haltbar und nährstoffreich

Steht ein Atomangriff unmittelbar bevor, sollten Sie Ihre Beete und Felder mit Folie abdecken und diese auch mit Steinen, Brettern und so weiter beschweren. Versuchen Sie, die Fläche unter der Folie so staubdicht wie möglich zu halten. Bereiten Sie also alles für dieses Szenario vor und lagern Sie Ihr Gartengerät in der

Nähe der Beete. Nur so können Sie kurzfristig handeln und möglicherweise noch der Verstrahlung vorbeugen.

Wenn Sie Tierbesitzer sind, müssen diese natürlich auch bei der Nahrungsbevorratung berücksichtigt werden.

Trinkwasser

Ohne Flüssigkeitszufuhr kann der Mensch nur wenige Tage überleben. Daher müssen Sie auch hier sicherstellen, dass Sie einen großen Trinkvorrat lagern. Universell ist Wasser, da Sie es auch für andere Zwecke einsetzen können. Ich gebe Ihnen hierzu ein kleines Beispiel: Stellen Sie sich vor, Sie müssen Ihr Auge spülen, weil sich ein Fremdkörper darin befindet. Jetzt besteht Ihr Flüssigkeitsvorrat ausschließlich aus Apfelsaft. Würden Sie sich gern damit die Augen spülen? Mit Sicherheit nicht! Auch das Waschen, das Kochen und so weiter werden Sie nur mit Wasser bewerkstelligen können. Es sollte daher einen wesentlichen Teil Ihres Vorrats ausmachen.

Gehen Sie nicht davon aus, dass Sie mit Regenwasser Ihren Wasserbedarf decken können. Solange Sie nicht wissen, wo der strahlende Fallout niedergegangen ist, genauer gesagt, wo er im Nachhinein Wirkung zeigt, müssen Sie auf Ihre Vorräte zurückgreifen, bis die Behörden Entwarnung geben oder die Katastrophenhilfe beziehungsweise das Militär sichere Brunnen errichtet. Das kann je nach Ereignis und Standort Tage bis Wochen dauern.

Lagern Sie daher Wasser ein, und gehen Sie von einem Bedarf von mindestens 3 Litern Trinkwasser pro Tag aus. Wichtig! Dieses Wasser ist reines Trinkwasser, nicht für Wasch- oder andere Hygiene- oder Reinigungszwecke. Für diese Zwecke müssen sie weiteres Wasser einplanen.

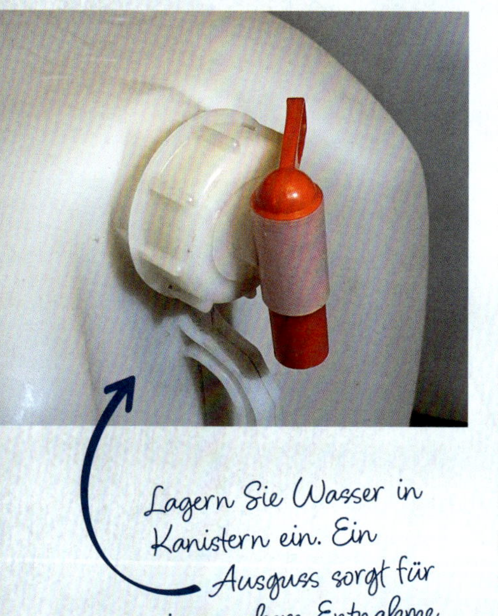

Lagern Sie Wasser in Kanistern ein. Ein Ausguss sorgt für eine saubere Entnahme

Wasser lagern Sie idealerweise in quadratischen Kanistern, nicht in PET-Flaschen. Bei diesen geht durch die runde Flaschenform entschieden zu viel Platz verloren. Kanister dagegen haben ein besseres Volumen-Platz-Verhältnis. Einfach gesagt: Sie bekommen in einem Kanister die gleiche Menge Wasser auf kleinerer Fläche unter als mit PET-Flaschen. Am besten eignen sich Kanister mit einem Ausguss. Somit können Sie das Wasser besser portionieren und verringern das Risiko, diese wertvolle Ressource zu verschütten.

Sorgen Sie dafür, dass das Wasser dunkel und kühl gelagert wird. Ist es in Ihrem Lagerraum hell, decken Sie den Vorrat mit einer Decke oder dunklen Folie ab. Damit verlängern Sie die Haltbarkeit.

Des Weiteren empfehle ich Ihnen die Anschaffung eines mobilen Outdoor-Wasserfilters, der auch Viren aus dem Wasser filtern kann. Am besten geeignet sind hierfür Filterpumpen, bei denen die Pumpbewegungen mithilfe eines Hebels ausgeführt werden. Diese Wasserfilterpumpen haben den Vorteil, dass sie über einen Ansaugschlauch verfügen, den man fast in jede breitere Ritze oder andere schwer zugängliche Stellen stecken kann, um dort Wasser herauszusaugen. Auch wegen der problematischen hygienischen Lage und der Seuchengefahr nach einem Atomangriff ist nur ein Filter geeignet, der

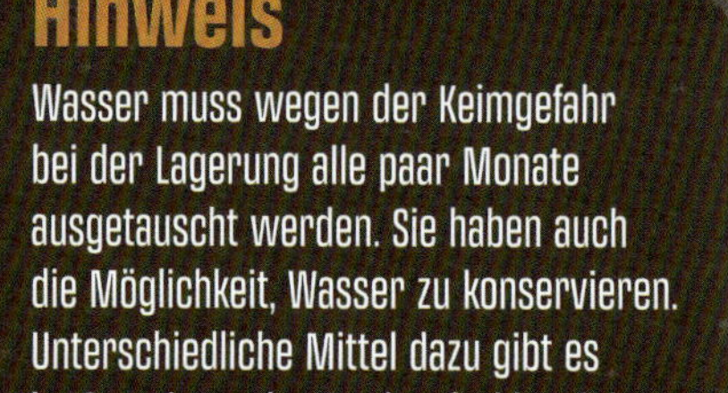

Hinweis

Wasser muss wegen der Keimgefahr bei der Lagerung alle paar Monate ausgetauscht werden. Sie haben auch die Möglichkeit, Wasser zu konservieren. Unterschiedliche Mittel dazu gibt es im Camping- oder Outdoorfachhandel.

zusätzlich zu den Bakterien und Protozoen auch Viren aus dem Wasser filtern kann. Einige typische Krisenkrankheiten werden über Viren übertragen. Deshalb müssen Sie auf Nummer sicher gehen.

Bekleidung

Wenn im Freien oder in Ihrem Haus oder dem Schutzraum Eiseskälte herrscht, müssen Sie sich entsprechend warm anziehen. Gehen Sie immer von einem nuklearen Winter aus, der die Temperaturen über einen langen Zeitraum fallen lässt. Trifft dieser nach einem Atombombenangriff nicht ein, umso besser. Findet er statt, müssen Sie gewappnet sein.

Es ist sinnvoll, in Outdoorbekleidung zu investieren und Winterbekleidung wie gefütterte lange Unterhosen, dicke Socken, Fleecejacken, Skianzüge und so weiter zu erwerben und für den Fall der Fälle einzulagern. Auch Winterstiefel sollten dabei nicht fehlen.

Ich würde zur Sicherheit auch Wanderstiefel für alle Personen anschaffen, da Sie nie wissen, was die

Regenbekleidung aus Gummi ist die einzige Bekleidung, von der sich radioaktiver Niederschlag einfach und rückstandslos entfernen lässt und die zugleich Schutz vor Nässe bietet

Zukunft bringt. Vielleicht kommt der Zeitpunkt, an dem Sie Ihren Wohnort aus verschiedenen existenzbedrohenden Gründen verlassen und dafür größere Distanzen zurücklegen müssen? Wanderstiefel sind lange haltbar und für nahezu jedes Terrain geeignet. Sie sind trittsicher, wasserabweisend und geben dem Fuß sicheren Halt.

Des Weiteren müssen Sie Regenanzüge aus Gummi für alle, die sich in Ihrem Haushalt befinden, anschaffen. Dies ist die einzige Bekleidung, von der sich radioaktiver Niederschlag einfach und rückstandslos entfernen lässt und die zugleich Schutz vor Nässe bietet. Analog dazu verhält es sich mit Gummistiefeln, die Sie natürlich auch benötigen. Bitte machen Sie nicht den Denkfehler und ersparen sich die Anschaffung, weil Sie über einen Goretex-Anzug verfügen. Diese Art der Bekleidung ist für ein solches Szenario nicht nur vollkommen unangebracht, sondern für den Träger sogar gefährlich. Durch den textilen Oberstoff können sich radioaktive Staubpartikel im Gewebe einnisten, die sich nicht oder nur ungenügend entfernen lassen. Somit würde der Träger dieser Bekleidung dauerhaft verstrahlt, wenn er die Jacke trägt.

Erste-Hilfe-Set und Hausapotheke

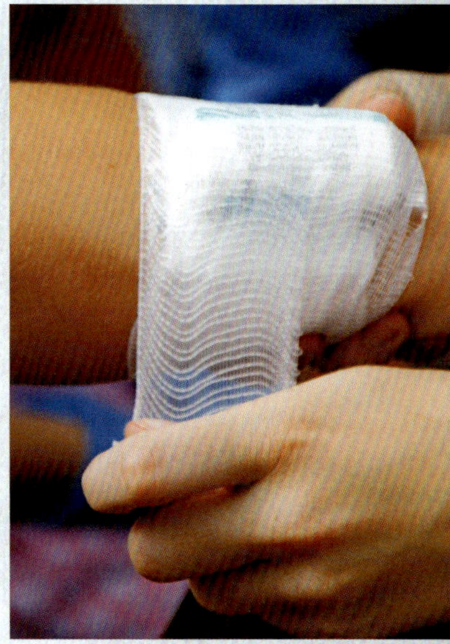

Die Verletzungen, die aufgrund der zerstörerischen Effekte einer Atombombendetonation auftreten, bedürfen Erste-Hilfe-Maßnahmen und entsprechende Materialien. Blutungen müssen zwingend gestillt werden, damit eine verletzte Person nicht verstirbt, und auch oberflächliche Wunden müssen regelmäßig mit sauberem Verbandmaterial versorgt werden, um das Entzündungsrisiko zu senken. Das betrifft nicht nur die Hilfe für andere Personen. Auch Sie könnten infolge eines Atom-

Erste-Hilfe-Hilfsmittel sollten Sie ausreichend zu Hause vorrätig haben

angriffs in Ihrem Haus verletzt werden, vielleicht von Splittern oder einem Türrahmen, der Ihnen auf den Kopf fällt. Es wäre denkbar, dass Sie beim raschen Aufsuchen Ihres Kellers zum Schutz Ihres Lebens die Treppe herunterstürzen und sich am Fuß, Arm oder sonstwo schlimm verletzen. Vielleicht ziehen Sie sich auch erst Wochen nach der Detonation eine Verletzung zu, die eines Verbandes bedarf. Das alles müssen Sie einkalkulieren, da Sie auf keinen Arzt hoffen können und daher ausreichend Erste-Hilfe-Hilfsmittel zu Hause vorrätig haben sollten.

Die besten Verbandsmittel für das schnelle und einfache Behandeln von Wunden sind Verbandspäckchen. Sie bestehen aus einer Mullbinde und einer darin integrierten Wundkompresse. Die Anwendung ist denkbar einfach: Sie müssen lediglich die Verpackung öffnen, die Mullbinde ein paar Zentimeter abrollen und schon wird die Kompresse sichtbar, welche Sie direkt auf der Wunde platzieren. Anschließend wickeln Sie die Binde zur Fixierung mehrfach um das betroffene Körperteil herum. Verbandspäckchen kosten im Einkauf unter 0,30 € pro Stück. Ich empfehle Ihnen, dass Sie mindestens ein Dutzend davon vorrätig halten. Wenn Sie der Meinung sind, das sei zu viel, denken Sie daran, dass Verbandsmaterialien in Krisenzeiten auch hervorragende und begehrte Tauschmittel sind. Zusätzlich ist ein großer Vorrat an steril verpackten Wundkompressen, Mullbinden, weiteren Verbandsmaterialien wie Pflaster sowie Spezialverbänden für Brandwunden und so weiter anzulegen. Letztere kleben beim Entfernen von Brandwunden (fast) nicht.

Bitte denken Sie daran, dass Sie im Ernstfall auf sich gestellt sind und dass möglicherweise über Wochen oder Monate keinerlei medizinische Hilfe erfolgen wird.

Statten Sie Ihre Hausapotheke mit Schmerzmitteln, Antibiotika, Desinfektionslösung und so weiter aus und erweitern Sie diese um persönliche Medikamente. Außerdem sollten kleine Werkzeuge, wie eine Splitterpinzette oder ein Skalpell nicht fehlen.

Jodtabletten

Die Einnahme von hoch dosierten Jodtabletten mit Kaliumiodid soll im Fall eines Kernkraftunglücks verhindern, dass radioaktives Jod in der Schilddrüse eingelagert wird, indem die Schilddrüse mit nicht radioaktivem Jod gesättigt wird. Man spricht dabei von einer Jodblockade. Die Einnahme von Jodtabletten schützt ausschließlich vor der Aufnahme von radioaktivem Jod in die Schilddrüse, nicht vor der Wirkung anderer radioaktiver Stoffe wie Strontium oder Cäsium.

Ich habe bis zur Fertigstellung des Buches unterschiedliche Meinungen zum Thema Jodtabletten gehört und kann aufgrund fehlender medizinischer Kenntnis hier keine Empfehlungen geben. Letztlich muss ich mich auf die Aussagen von Experten verlassen, in diesem Fall haben sich diese widersprochen. Die eine Partei hat sich für eine Einnahme von Jodtabletten bei einem Atomangriff ausgesprochen, die andere war dagegen.

Fakt ist: Eine Selbstmedikation kann im ungünstigen Fall sogar gesundheitsschädlich sein. Im besten Fall hat sie möglicherweise gar keinen Nutzen.

Ladetechnologie

Seit einiger Zeit können Sie im Fachhandel leistungsfähige Powerstations erwerben, die mithilfe von großen Solarpanels geladen werden und Ihnen sogar ausreichend Strom für 230-Volt-Geräte, die keine Starkverbraucher sind, bieten. Während bei »normalen« Krisen- und Katastrophenszenarien die Anschaffung von Solarladegeräten angeraten ist, verhält es sich bei einem Atomangriff wahrscheinlich anders. Für den Fall, dass ein nuklearer Winter eintreten sollte, nützen Ihnen Solarpanels nichts; es fehlt die Sonnenstrahlung, welche die Panels das Sonnenlicht in

Autarke Stromversorgung: Dank der Kurbel-Dynamo-Powerstation können Sie Ihr Smartphone, Ihren Laptop und viele andere mobile Geräte ganz flexibel aufladen

elektrische Energie umwandeln lässt. Um Akkus für wichtige Geräte, wie die Taschenlampe oder Tischleuchte zu laden, sind Sie auf eine andere Energieerzeugung angewiesen. Hierzu werden Handkurbelgeneratoren benötigt. Leider sind diese auf dem Markt kaum erhältlich, weshalb Sie auf Fernostprodukte zurückgreifen müssen.

Lichtquellen

Bei Nacht, bei Dämmerung oder, was wir nicht hoffen, beim Eintreten des nuklearen Winters mit dauerhaft stark getrübtem Himmel, müssen Sie sich orientieren können und über eine Möglichkeit verfügen, dunkle Bereiche auszuleuchten.

Ist der Strom weg, ist es zappenduster. Weder Straßenbeleuchtung noch das Licht zu Hause funktionieren. Zur Orientierung, zur Unfallvermeidung oder zum geselligen Zusammensein sind aus diesem Grund alternative Lichtquellen erforderlich. Mein Ratschlag ist daher, sich einen Mix aus verschiedenen Beleuchtungsmitteln zuzulegen. Einerseits haben sich für diesen Fall die dicken, klassischen Kerzen bewährt. Diese haben jedoch

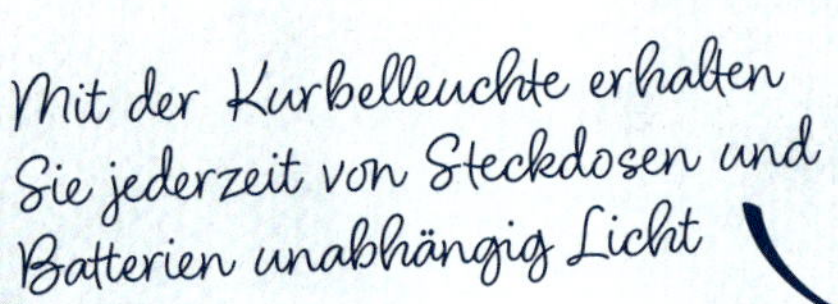
Mit der Kurbelleuchte erhalten Sie jederzeit von Steckdosen und Batterien unabhängig Licht

Praktische Kurbelleuchte, die keine Batterien benötigt

eine begrenzte Helligkeit und sind nach einiger Zeit heruntergebrannt. Problematisch wird möglicherweise auch der Sauerstoffverbrauch durch das Abbrennen von Kerzen, wenn Sie sich im Schutzraum befinden. Auch der Nachschub dürfte sich schwierig gestalten, daher müssen zusätzliche Lichtquellen her. Der Fachhandel bietet praktische Outdoorleuchten an, die Sie mit wechselbaren Akkus betreiben können. Diese Lampen können Sie auch an beliebiger Stelle aufhängen oder einfach auf einen Tisch stellen, und alles dort herum wird ausreichend ausgeleuchtet. Das Praktische bei den meisten Modellen ist, dass am Fuß eine Taschenleuchte mit einem fokussierten Lichtstrahl vorhanden ist. Sie können also vom Leuchtenmodus in den Taschenlampenmodus umschalten. Weiterhin empfehlenswert ist das Beschaffen von Dynamotaschenlampen für die Zeit nach dem Atomangriff. An diesen Geräten ist eine Kurbel angebracht, mit der Sie bereits durch ein 1-minütiges Kurbeln ein Licht erzeugen, das etwa 3 Minuten anhält. Dynamotaschenlampen sind allerdings nicht sonderlich hell. Das Licht ist aber ausreichend, um sich im Dunkeln zu orientieren.

Brandschutz

Gegenüber den meisten anderen Katastrophenszenarien ist die Wahrscheinlichkeit, dass Sie Feuer löschen müssen, bei einem Atomangriff erhöht. Kaufen Sie daher mindestens zwei große Feuerlöscher mit ABC-Schaum. Außerdem können Eimer nichts schaden. Idealerweise halten Sie auch etwas Sand vor, den Sie in die Eimer geben können. Im Brandfall können diese dann über dem Feuer ausgeleert werden. Falls sie ein Grundstück besitzen, wären Regentonnen gefüllt mit Regenwasser eine zusätzliche Maßnahme zur Brandbekämpfung. Halten Sie die Fässer stets geschlossen, um sie vor radioaktiven Niederschlag zu schützen. Möglicherweise benötigen Sie das Wasser darin noch für andere Zwecke.

Hygiene

Die Aufrechterhaltung von Grundhygienemaßnahmen wirkt nicht nur vorbeugend gegen Parasiten und Krankheiten, sie dient auch der Stärkung der Psyche. Das vielseitigste Mittel ist Seife am Stück; sie ist ein wichtiger Bestandteil Ihrer persönlichen Krisenvorsorge, was die Körperpflege anbetrifft. Feste Reinigungsmittel sind verhältnismäßig preiswert und nehmen kaum Platz weg. Lagern Sie ausreichend Seife für sich und Ihre Familie ein. Des Weiteren gehören Damenbinden und/oder Tampons dazu, falls sich weibliche Personen in Ihrem Haushalt befinden. Wichtig ist ebenso die Bevorratung mit Toilettenpapier sowie die Anschaffung einer Campingtoilette, in die ein Exkrementbeutel gespannt werden kann. Dieser dient zum Auffangen von Kot und Urin und kann ab einem gewissen Füllstand problemlos entnommen, verknotet und entsorgt werden. Um die Geruchsbildung zu neutralisieren, sollten Sie neben der Campingtoi-

Für längere Aufenthalte im Haushalt dient eine Campingtoilette

lette auch noch Sägespäne oder Katzenstreu vorhalten, mit denen Sie ihre Hinterlassenschaft nach dem Geschäft bestreuen. Somit entstehen keine Gerüche, und die Beutel können mehrfach verwendet werden.

Feuchttücher kann man nie genug haben. Mit diesen sind Sie in der Lage, sich auch ohne Wasser hygienisch einwandfrei zu waschen oder Ihren großen Toilettengang sauber zu erledigen. Außerdem können diese zur Dekontamination verwendet werden, also dann, wenn Ihre Haut mit strahlendem Fallout in Berührung gekommen ist. Mehr dazu finden Sie im Kapitel »Dekontamination«.

Männer sollten auch Rasierzeug bevorraten. Dies hat nicht nur hygienische Gründe; eine Rasur ermöglicht auch die optimale und sicherere Nutzung von Atemschutzmasken. Mehr dazu erfahren Sie im nächsten Abschnitt.

Es gibt im Camping- und Outdoorfachhandel auch spezielle Behelfsduschen. Diese bestehen aus einem Sack, den Sie mit Wasser befüllen und oberhalb des Kopfes zum Beispiel an einer Wand befestigen. Nach dem Betätigen eines Umschalters läuft das Wasser dann mithilfe der Schwerkraft heraus. Somit können Sie mit relativ wenig Wasser und ohne Strom duschen. Diese Art der Dusche können Sie auch für Dekontaminationszwecke einsetzen.

Schutzkleidung, Atemschutzmasken und Staubbrille

In den meisten Fällen setzen sich in der Kleidung Staub- und Schmutzpartikel aus der Umgebung fest. Das ist im Fall von Fallout gefährlich, da der Körper somit dauerhaft der Strahlung ausgesetzt ist, solange man diese Textilien auf der Haut trägt. Je nach Intensität kann das schwerste gesundheitliche Folgen haben, oder Sie sterben im ungünstigsten Fall kurzfristig, da die Strahlendosis in Ihrer Kleidung einfach zu hoch ist. Kleidung kann man relativ günstig vor dem Befall mit radioaktivem Staub schützen, indem man spezielle staubdichte Schutzanzüge

Der Schutzanzug schützt die Haut vor radioaktiver Kontamination

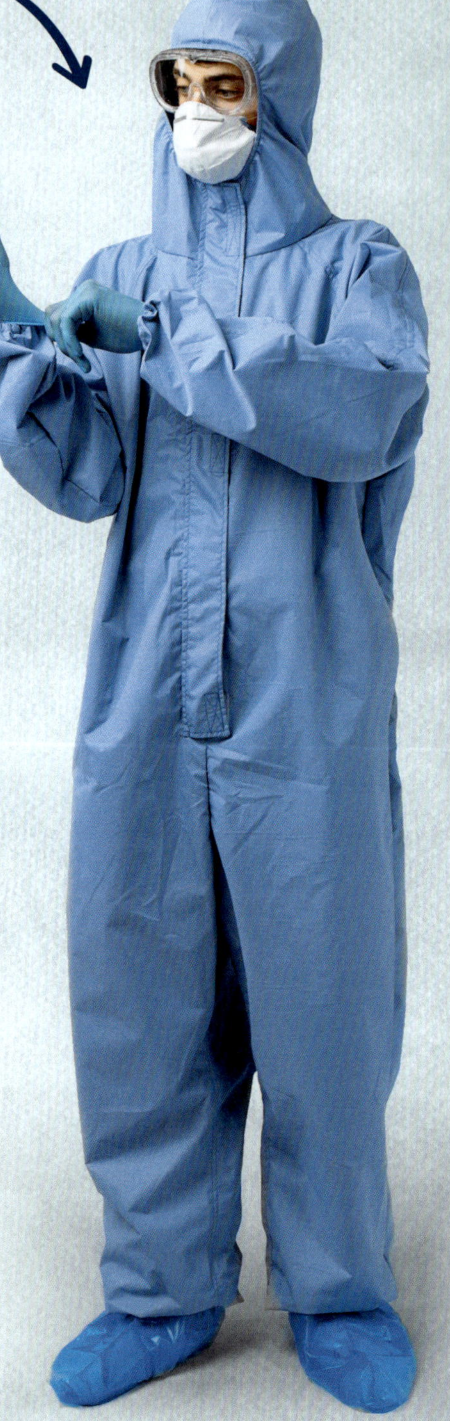

erwirbt, die darüber getragen werden. Es gibt auf dem Markt atmungsaktive Produkte mit ausgezeichneten Barriereeigenschaften gegenüber Partikeln. Bitte verwechseln Sie diese Schutzkleidung nicht mit den herkömmlichen weißen Anzügen, die man für Lackier- oder Ausbesserungsarbeiten verwendet. Diese schützen lediglich vor Verschmutzung, nicht aber vor Staub und Partikeln.

Radioaktiv behafteter Staub ist außerdem deshalb sehr gefährlich, weil er durch die Atemwege aufgenommen wird und die strahlenden Teilchen somit in den Körper gelangen und von innen strahlen. Schützen Sie sich davor! Sie sollten einen Vorrat von FFP2-Atemschutzmasken anlegen, mit dem Sie 60 Tage überbrücken können. Auf keinen Fall dürfen Sie eine Maske mehrfach benutzen, da sich darin radioaktive Partikel befinden, die strahlen. Wenn Sie das Haus verlassen und wieder zurückkehren, muss diese Maske entsorgt werden. Ausbürsten, Ausklopfen oder Auswaschen der bereits benutzten Masken sind dabei keine Optionen. Bitte bedenken Sie: Nur eine frische Maske schützt Sie ausreichend! Was mir während der Coronapandemie aufgefallen ist: Viele Träger von Schutzmasken haben diese über ihrem Bart getragen. Man muss dazu wissen, dass eine Maske nur dann effektiven Schutz bietet, wenn sie direkt auf der Haut anliegt. Ein Bart erhöht deutlich das Risiko dafür, dass radioaktiver Staub unter die Maske gelangt und vom Träger eingeatmet wird. Rasieren Sie sich daher regelmäßig, wenn Sie Masken nutzen. Das gilt übrigens für alle Atemschutzvorrichtungen.

Was zuletzt noch von hoher Priorität wäre, ist der Schutz der Augen. Da diese permanent feucht sind, haftet radioaktiver Staub leicht an und sammelt sich dort. Das ist ein großes Risiko für Sie. Verwenden Sie daher eine staubdichte Schutzbrille, die Ihre Augen hermetisch vor Staub und anderen Partikeln schützt.

Aktuelles Smartphone

Wenn Sie am Warntag im September 2022 auf Ihrem Smartphone keine Warnmeldung per Cell Broadcast erhalten haben, sollen Sie den Erwerb eines neuen Smartphones in Erwägung ziehen. Da das Smartphone das schnellste Alarmierungsmittel ist und die meisten Menschen das Gerät in der Regel immer bei

Das Warnsystem Cell Broadcast warnt vor Katastrophen. Auf dem Handy erscheint im Notfall eine Push-Nachricht mit einem lauten Hinweiston.

sich tragen, kann der Alarm nicht verpasst werden, und Ihr Reaktionszeitfenster vergrößert sich. Das ist möglicherweise für Sie überlebensentscheidend, da Sie ausreichend Zeit haben, Schutz zu suchen oder andere Personen über die drohende Gefahr zu informieren.

Radio

Für jeglichen Krisen- und Katastrophenfall sollte man ein tragbares Radiogerät im Haushalt haben. Spätestens nach dem Angriff wird der Staat über die Rundfunkanstalten versuchen, die Bevölkerung zu informieren. Da damit zu rechnen ist, dass ein Teil der großen Sendeanstalten vielleicht nicht mehr in der Lage sein wird, großflächig zu senden, wäre meine Empfehlung, dass Sie sich ein Radio zulegen, dass auch Empfang

Hinweis

Deponieren Sie das Radio zusammen mit anderen elektronischen Geräten zum Schutz vor einem NEMP in einem faradayschen Käfig. Dieser schützt Ihre Geräte zuverlässig. Sie können Faradaykäfige selbst bauen oder diese im Handel erstehen.

Mit einem Kurbelradio sind Sie vollkommen unabhängig von elektrischer Energie

in Überreichweite hat. Sogenannte Weltempfänger leisten hier gute Dienste und kosten nicht viel. Mit so einem Gerät können Sie weit über die Landesgrenzen hinaus Radio aus dem Ausland empfangen. Somit könnten Sie gegebenenfalls Informationen über die vorherrschende Situation und so weiter empfangen. Da Sie, wie im vorherigen Abschnitt »Lichtquellen« schon geschildert, möglicherweise keine Akkus aufladen können, legen Sie sich am besten ein Kurbelradio zu, dass Sie mithilfe einer integrierten Kurbel betreiben können. Somit sind sie vollkommen unabhängig von elektrischer Energie.

Tipp

Schaffen Sie sich eine Rolle dicke, durchsichtige Folie an. Diese können Sie zum Abdichten Ihrer Fenster, Türen und so weiter verwenden und zum Bau einer Schleuse, worauf ich später noch eingehen werde.

Beachten Sie, dass im Falle eines erfolgten Atomangriffs der Sendebetrieb nicht 24 Stunden stattfinden wird. Lediglich zur vollen Stunde erhalten Sie dann Informationen von den Behörden.

Notfallrucksack

Im Ernstfall ist nahezu alles möglich. Es wäre denkbar, dass Ihr Haus so stark beschädigt oder zerstört wird, dass es nicht mehr bewohnbar ist, wenn Sie eines Tages nach dem Angriff aus dem Keller oder Ihrem Schutzraum kommen. Vielleicht ist aufgrund von Fallout oder anderen Gründen sogar das gesamte Gebiet, in dem Sie leben, auf Dauer unbewohnbar. Auf diesen Fall sollten Sie sich vorbereiten, damit Sie andernorts von vorn beginnen können und möglichst gute Startbedingungen mitbringen. Daher rate ich Ihnen, einen Notfallrucksack zusammenzustellen. In diesen Rucksack gehört alles, was die drei wichtigsten Überlebensprioritäten sicherstellt: Wärmeerhalt, Wasserzufuhr, Nahrung.

Sie finden eine Übersicht mit den wichtigsten Dingen, die Sie in so einem Rucksack mitführen sollten, auf der Webseite des Bundesamts für Bevölkerungsschutz und Katastrophenhilfe *https://www.bbk.bund.de/*.

Dokumentenschutz

Sie sollten sich zusätzlich zu den von mir bisher vorgeschlagenen Maßnahmen auch Gedanken über den Schutz für Sie wichtiger Dokumente machen. Dies können Nachweise Ihres Besitzes sein, wie Grundstücksurkunden, Kaufverträge und so weiter, aber auch Unterlagen zu Ihrer Person und Ihrem Familienstand. Dazu zählen Geburtsurkunden, das Familienbuch, Abschlussbescheinigungen, Meisterbriefe, Urkunden und so weiter. Weitere Dokumente von Bedeutung könnten Testamente oder Rentenversicherungsbelege sein. All diese Schriften sollten in einer feuerhemmenden Kassette im Notfallrucksack aufbewahrt werden. Im Idealfall sollten amtlich beglaubigte Kopien aller wichtigen Unterlagen zusätzlich im fernen Ausland in einem Bankschließfach deponiert werden. Somit hätten Sie eine Backuplösung, falls Ihre Dokumente vernichtet werden sollten.

Andenken und Erinnerungen

Erstellen Sie Fotoabzüge von den Bildern Ihrer Liebsten und sichern Sie Briefe und andere Erinnerungsstücke ebenso in einer feuerhemmenden Kassette. Bitte bedenken Sie, dass digital gesicherte Bilder womöglich nicht mehr zugänglich sind. Alles, was digital ist, ist physisch nicht vorhanden. Es ist immer besser, Fotos auszudrucken und diese an einem anderen Ort aufzubewahren.

Ziehen Sie bei Bedarf um!

Atomwaffen haben keinen unbegrenzten Zerstörungsradius und müssen deshalb vom Aggressor sorgfältig und geplant eingesetzt werden. Natürlich wird es auch mancherorts zu einem wahllos ausgewählten Ziel kommen; die meisten Angriffe jedoch sollen das angegriffene Land so schwer wie möglich schä-

digen und dessen Verteidigungsfähigkeit auf ein Minimum reduzieren oder sogar gänzlich ausschalten. Auch die Bevölkerung soll schwere Verluste erleiden, um die Moral des Landes zu schwächen, und selbst die Infrastruktur ist generell ein taktisches Ziel. Werden Versorgungswege, Autobahnen, wichtige Häfen und Flughäfen zerstört, ist der Nachschub erheblich eingeschränkt oder kommt sogar für längere Zeit vollständig zum Erliegen.

Im Folgenden liste ich Ihnen eine Reihe von möglichen Zielen für einen Atomangriff auf. Prüfen Sie, ob Sie in der Nähe eines solchen Ziels wohnen. Ist auch nur eines davon darunter, sollten Sie einen Umzug in ein sicheres Gebiet erwägen, um nicht im Angriffsfall zum Direktopfer zu werden.

Bitte beachten Sie, dass meine Ausführungen allein auf logischem Denken und taktischem Wissen basieren. Ich kann weder in die Zukunft sehen, noch Ihnen das Versprechen geben, dass ich mit meinen Aussagen recht behalten werde. Die Wahrscheinlichkeit, dass ich richtig liege, ist jedoch sehr hoch.

An folgenden Standorten ist das Risiko für einen Direktangriff besonders hoch:

Gebiete mit Rüstungsindustrie

Entwicklung und Produktion von Rüstungsgütern sowie der direkte Nachschub sind für den Angreifer von großem Interesse. An manchen Orten in Deutschland haben sich regelrechte Schwerpunkte der Rüstungsindustrie gebildet. Allein der Raum Ulm ist eine Rüstungshochburg, denn hier sind unter anderem diese Rüstungsfirmen ansässig: Hensoldt, Airbus, Thales, MBDA, Elbit Systems Deutschland GmbH & Co. KG, AIM Infrarot Module GmbH, Spherea und viele mehr.

Militärstandorte und deren direkte Umgebung

Es ist wohl jedem klar, dass diese Einrichtungen hochinteressante Ziele für einen Angriff darstellen. Ich garantiere Ihnen, dass die Koordinaten der Militärstandorte schon fest einprogrammiert sind. Landeseigene Bundeswehr-Kasernenstützpunkte von Heer, Marine und Luftwaffe sind potenzielle Ziele. Da wir in Deutschland zudem noch Alliierte Stützpunkte, wie Stuttgart (das USAREUR Hauptquartier) oder Baumholder (US-Army Division) und Ramstein (größter US-militärischer Flughafen außerhalb Europas und Leitzentrum für Drohnenangriffe) beherbergen, sind auch diese ein primäres Ziel. Aber auch die Umgebung dieser Standorte ist gefährdet, da natürlich die zivilen Arbeitskräfte nicht mehr für die betreffenden Streitkräfte arbeiten sollen.

Der Luftwaffenstützpunkt »Ramstein Air Base« beherbergt spezielle Lagerstätten für insgesamt 216 nukleare Bomben der Typen B-61-3 und B-61-4

Regierungsstadt Berlin

Die Ausschaltung einer Staatsführung kann oft nur dann erfolgreich durchgeführt werden, wenn man die Hauptstadt angreift. Vor allem deshalb, weil sich dort viele Angehörige der Regierung befinden. Andererseits ist die psychologische Wirkung eines solchen Schlags nicht zu unterschätzen. Als deutsche Soldaten im Zweiten Weltkrieg erfuhren, dass Berlin eingenommen wurde, wirkte sich das negativ auf die Moral aus.

Städte oder Ballungsräume

Großflächige Opferzahlen lassen sich an diesen Orten einfach realisieren, denn dort herrscht eine hohe Bevölkerungsdichte. Auch die nachhaltige Wirkung eines Direktangriffs ist nicht zu unterschätzen.

Standorte mit Schwerindustrie

Zu diesen zählen die Eisen- und Stahlindustrie, welche die Verhüttung von Erzen und die Weiterverarbeitung von Metallen umfasst, sowie die Standorte der chemischen Industrie. Die BASF in Ludwigshafen ist das weltweit größte zusammenhängende Chemieareal, das sich im Besitz nur eines Unternehmens befindet.

Flughäfen

Große Flughäfen wie Frankfurt und Düsseldorf und ihre direkte Umgebung sind ebenfalls mögliche Ziele. Die Zerstörung dieses riesigen Areals würde den Nachschub aus der Luft vollkommen zum Erliegen bringen.

Bankenstadt Frankfurt am Main

Ein Schlag gegen das Finanzwesen trifft einen Staat schwer. Frankfurt am Main ist der wichtigste Börsen-, Finanz- und Handelsplatz Deutschlands. Hier ist der Sitz der Europäischen Zentralbank und der Deutschen Bundesbank.

Bahnhöfe

Sie sind wichtige Drehkreuze zur Verteilung von Gütern. Einige große Reise- und Güterbahnhöfe werden mit hoher Wahrscheinlichkeit auch einem Atomangriff zum Opfer fallen. Dazu zählen Hamburg, Leipzig oder München. Der größte Rangierbahnhof Europas liegt in Maschen, südlich von Hamburg.

Wohnraum sicher machen

Ihr Zuhause ist für Sie der beste Platz zum Überleben, wenn Sie nicht gerade an den vorher von mir aufgelisteten Orten mit einem hohen Angriffsrisiko wohnen. Das eigene Heim oder Ihre Wohnung bietet Ihnen eine vertraute Umgebung, und Sie können sich dort in den meisten Fällen ganz nach Belieben auf den Fall der Fälle einstellen. Gebäude bieten bei einem Atomangriff einen verbesserten Schutz vor Verletzungen und Strahlung. Mehr dazu finden Sie im Kapitel »Verhalten in Gebäuden«.

Im Normalfall ist die Schutzwirkung der eigenen vier Wände jedoch ausbaufähig, und nach oben sind fast keine Grenzen gesetzt. Sie müssen kein Handwerksgenie sein, um die Sicherheit in Ihrem Wohnraum zu erhöhen. Jedoch müssen Sie etwas Zeit investieren. Zeit, die Ihr Leben retten könnte. Und zuletzt auch etwas Geld, da Sie wichtige Besorgungen erledigen müssen.

In den folgenden Abschnitten beschreibe ich die wichtigsten Überlegungen dazu.

Brandschutz- und andere Sicherungsmaßnahmen

Im Laufe der Zeit sammelt sich bei den meisten Menschen viel Besitz an. Vieles davon wird nicht mehr gebraucht und fristet auf Dachböden, in Kellern oder Schränken ein trauriges Dasein. Diese Sachen nehmen nicht nur wertvollen Platz weg, sondern sie begünstigen auch Brände. Sie sollten daher zur Senkung des Brandrisikos Ihren Dachboden entrümpeln. Das Gleiche gilt für den Wohnraum.

Entfernen Sie auch Übergardinen oder lange Stores, da diese Feuer fangen können. Legen Sie sich einen Löschwasservorrat an, mit dem Sie gegebenenfalls entstehende Brände unter Kontrolle bringen können. Zusätzlich sollten Sie Feuerlöscher und Sand in Eimern in Treppenhäusern bereithalten.

Schutz der Fensterscheiben

Wie Sie bereits gelesen haben, besteht durch die Druckwelle bei einer Atombombenexplosion das Risiko, dass die Fensterscheiben zerbersten und die Glassplitter zu gefährlichen Geschossen werden, die Sie oder andere Personen schwer verletzen oder gar töten können. Außerdem stellen die Fensterscheiben einen Schutz gegen Fallout und Witterung dar, weshalb diese intakt bleiben sollten. Schützen Sie das Glas, indem Sie es als Erstes mit Klebebandstreifen abkleben. Verwenden Sie hierfür im Idealfall textiles Klebeband, zur Not tut es aber auch Paketklebeband. Kaufen Sie genügend Klebeband für alle Scheiben ein! Auch das Anbringen von dicker, durchsichtiger Folie kann dem Schutz dienen. Diese können Sie mit (textilem) Klebeband befestigen. Wichtig ist, dass Sie schon im Vorfeld für jedes einzelne Fenster die Folie passend zurechtschneiden. Im Ernstfall haben Sie dazu keine Zeit! Des Weiteren müssen die Fenster so gut es geht luftdicht abgedichtet werden, um das Eindringen von radioaktivem Niederschlag zu verhindern. Je besser Sie abdichten, desto weniger müssen Sie um Schaden für Leib und Leben fürchten. Verwenden Sie hierzu Fließklebeband, Schaumstoffstreifen oder andere Abdichtmaterialien. Rollladenkästen sind Einfallstore für Außenluft und deren tödliche Fracht. Denken Sie hierbei auch an die Kästen, an denen Rollladenzüge aus der Wand kommen. Auch hier müssen Sie sorgfältig abdichten!

Das Anbringen von dicker, durchsichtiger Folie kann dem Schutz der Fenster dienen

Moderne Rollläden aus Kunststoff sind in den meisten Fällen kein ausreichender Schutz vor Trümmerflug. Bringen Sie daher Sperrholzplatten auf den Fenstern an. Das verbessert den Schutz der Scheiben um ein Vielfaches. Achten Sie darauf, dass das Holz bündig auf dem Rahmen und nicht auf dem Glas aufliegt und befestigen Sie es dort sorgfältig.

Sandsäcke

In Baumärkten oder im Onlinehandel können Sie leere Sandsäcke erstehen. Befüllen Sie diese nach dem Kauf mit Sand und verbessern Sie damit Ihren Schutz. Sandsäcke wirken nicht nur physisch gegen Trümmer, sondern können auch zur Fixierung und Stabilisierung eingesetzt werden. Ist der Sand in den Säcken zudem feucht, wird der Schutzfaktor gegen Neutronenstrahlung beträchtlich erhöht. Berieseln Sie die gefüllten Säcke daher regelmäßig mit Wasser und halten Sie diese feucht, wenn Sie Sandsäcke draußen verwenden. Sandsäcke sind auch ideal zum Verschließen von Kellerschächten und Fenstern oder zum Verstärken von Türen, Wänden und so weiter. Sie müssen aber vorher an Ort und Stelle platziert werden, bei einem Angriff ist es dafür in den meisten Fällen zu spät.

Der Schutzraum

Zu den wichtigsten und wirkungsvollsten Maßnahmen, die Sie präventiv zum Schutz Ihres Lebens für den Fall eines Atomangriffs treffen können, zählt die Einrichtung eines Schutzraums. Bei den meisten Menschen, mit denen ich in der Vergangenheit über das Thema gesprochen habe, herrscht die Meinung vor, dass es sinnvoll wäre, einen öffentlichen Schutzraum aufzusuchen. Was diese Personen meinen, sind Bunker für die Zivilbevölkerung, die es in Deutschland aber nicht mehr gibt.[6] Warum das außerdem aus meiner Sicht keinen Sinn ergibt: Natürlich würde man zuallererst versuchen, einen solchen Schutzraum zu erreichen, wenn man sich im Fall der Fälle in der Öffentlichkeit, auf der Arbeit oder sonst wo befindet und keine Zeit mehr wäre, nach Hause zu gelangen. Aber diese Idee hätten nicht nur Sie, sondern Tausende andere Menschen auch. Die Kapazität eines solchen Bunkers wäre in Ballungsräumen schnell erschöpft.

---

6 Siehe zum Beispiel hier: *https://www.mdr.de/nachrichten/deutschland/panorama/bunker-schutzraeume-u-bahn-atomkrieg-zivilschutz-100.html#:~:text=In%20Deutschland%20gibt%20es%20keine,Bunker%20sind%20seit%20Jahrzehnten%20stillgelegt.*

Der eigene Schutzraum hat viele Vorteile, auch wenn er nicht die Festigkeit eines Bunkers aufweist. Sie haben Ihre Privatsphäre und sind in vertrauter Umgebung. Was gibt es Besseres, als in einer derartig schlimmen Situation zu Hause in den eigenen vier Wänden mit den Liebsten zu sein? In einem öffentlichen Schutzraum wissen Sie nie, wer nach ein paar Tagen eine psychische Überreaktion zeigt und mit wem Sie es zu tun haben. Im hauseigenen Schutzraum sind Sie, wenn Sie sich an meine Ratschläge halten, bestens für die meisten Situationen gerüstet, in einem öffentlichen Schutzraum verfügen Sie über nichts.

Dennoch ist der eigene Schutzraum kein Garant fürs Überleben, wenn Sie sich unweit eines Zentrums der Detonation befinden. Allerdings ist ein vollständiger Schutz gegen einen Atomschlag ohnehin nicht möglich. Selbst militärische Bunker tief unter der Erde können der unmittelbaren zerstörerischen Wirkung der Bombe nicht standhalten. Die Distanz zum Zerstörungsradius spielt also eine entscheidende Rolle. Bereits in einem Abstand von wenigen Kilometern werden Sie in einem Schutzraum überleben können.

Hinweis

Um es noch einmal hervorzuheben: Ein Schutzraum zählt zu den wirksamsten Maßnahmen gegen die Zerstörungseffekte einer Atombombe. Er bietet Ihnen Schutz vor der Druckwelle, der Initialstrahlung, der thermischen Strahlung und dem Fallout!

Ein Schutzraum muss schnell erreichbar sein. Er erfüllt seinen Zweck nicht, wenn Sie erst 100 Meter zurücklegen oder den Unterschlupf erst zeitaufwendig freiräumen müssen, weil vor dem Eingang Möbelstücke stehen. Außerdem sollte der Schutzraum stets einsatzbereit und nicht mit Gerümpel vollgestellt sein. Im Ernstfall haben Sie keine Zeit mehr, Platz zu schaffen oder gar den Zufluchtsort mit Vorräten oder anderen überlebensnotwendigen Dingen zu bestücken. Der Schutzraum muss jederzeit zugänglich und für einen Daueraufenthalt vorbereitet sein.

Oberste Priorität hat also die Aufgabe, im Vorfeld sämtliche Voraussetzungen zu schaffen, um im Ernstfall möglichst lange im Schutzraum zu überleben. Ist die Akutgefahr vorüber, können Sie wieder in Ihre normalen Wohnräume umziehen. Die Behörden geben dann in der Regel (hoffentlich) Entwarnung.

Wahl des Schutzraums

Welcher Raum in Ihrem Gebäude eignet sich als Schutzraum? Diese Frage ist immer abhängig von den Gegebenheiten, die in Ihrem Haus vorherrschen. Als grobe Faustregel gilt: Je tiefer der Zufluchtsort unter der Erde liegt, desto besser. Verfügen Sie über einen Keller, wäre dieser mit Sicherheit die beste Wahl. Selbst große Mietshäuser sind mit Kellerräumen ausgestattet, weshalb die meisten Bewohner hier einen Schutzraum einrichten könnten.

Machen Sie jetzt nicht den Fehler und bunkern Sie planlos Vorräte in Ihrem Keller. Vorerst sollten Sie einige Überlegungen zu Ihrem Schutzraum anstellen, denn im Worst Case soll dieser ja für eine gewisse Zeit Ihr Überleben sichern. Gehen Sie also mit Bedacht vor. Rufen Sie sich bitte wieder die Informationen, die ich Ihnen im Kapitel »Zerstörungseffekte einer Atombombe« genannt habe, in Erinnerung. Dies ist die Grundlage für die Auswahl und richtige Ausstattung des Schutzraums. Er soll Sie daher so wirkungsvoll wie möglich vor der Druckwelle und ihren Folgen, vor der thermischen Strahlung, vor der Initialstrahlung sowie vor dem Fallout schützen. Zusätzlich soll er Sie mit den

Ideal ist ein weiterer Notausgang im Schutzraum. Ist der Haupteingang versperrt, steht immer noch – wie hier – ein Kellerfenster zur Verfügung.

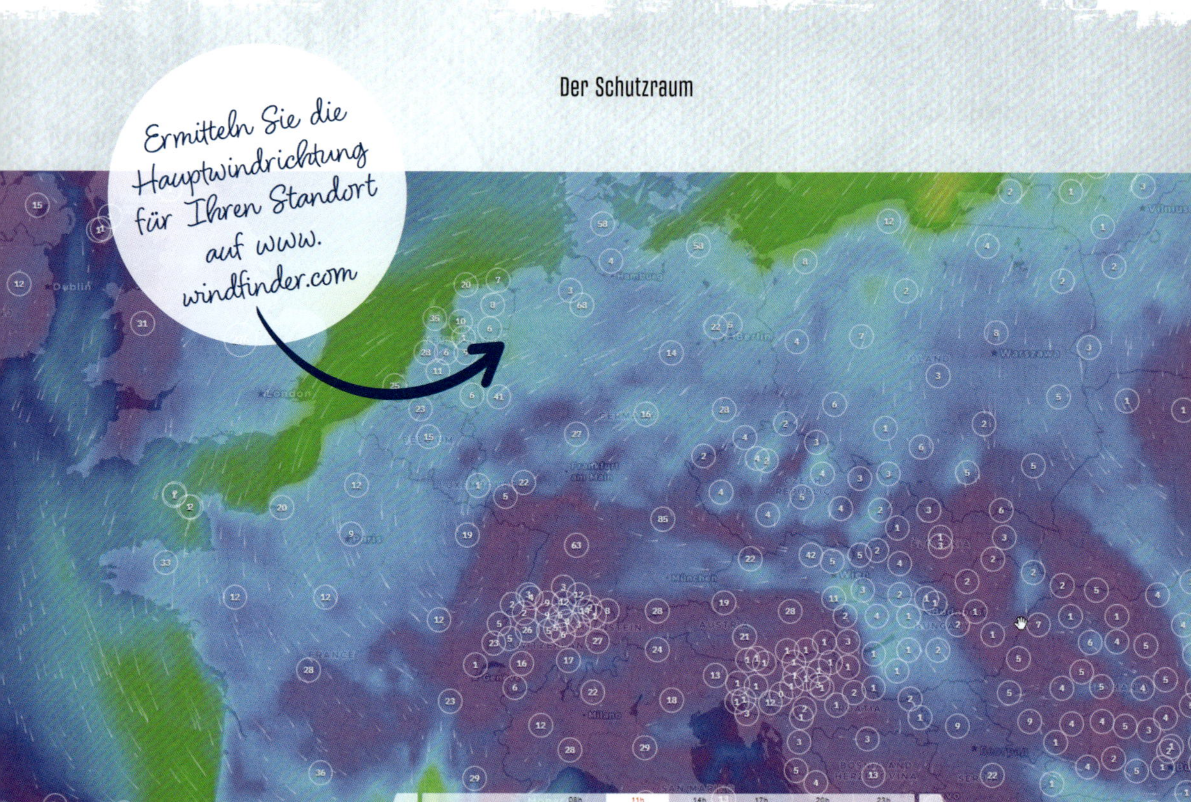

wichtigsten Dingen versorgen, die Sie zum Überleben benötigen. Allen nur erdenklichen Ansprüchen genügen, das wird fast keiner dieser Zufluchtsorte. Daher werden Sie möglicherweise nicht alle meine Ratschläge 1:1 umsetzen können. Verzagen Sie dennoch nicht, denn jede Maßnahme und jede Kleinigkeit, die Sie berücksichtigen, verbessert den Schutz. Je mehr Sie umsetzen, desto sicherer sind Sie.

Die Wahl des Schutzraums ist ein wichtiger Parameter, aber denken Sie hier nicht zu groß. 15 Quadratmeter sind für eine fünfköpfige Familie ausreichend. Eine kluge Schutzraumplanung und -ausstattung erlaubt das komfortable Überleben auf kleinstem Raum.

Falls die baulichen Gegebenheiten es erlauben, sollte für den Fall des Verschüttens außer dem Haupteingang immer ein weiterer Notausgang im Schutzraum vorhanden sein. Ist der Haupteingang versperrt, steht immer noch der Notausgang zur Verfügung. Dies können auch Kellerfensterschächte und so weiter sein.

Eine Überlegung wäre es sicherlich noch wert, die Hauptwindrichtung bei der Schutzraumwahl zu berücksichtigen. Idealerweise liegt der Raum an der abgewandten Seite der Hauptwindrichtung, um die Falloutbelastung zu reduzieren. Schauen Sie sich deshalb die Windkarten Ihrer Umgebung an. Die Windrichtung finden Sie bei den Landesanstalten für Umwelt (suchen Sie nach dem Stichwort Windverteilung) oder auf *https://de.windfinder.com/*, wo Sie anhand von mehrtägigem Ablesen die Hauptwindrichtung für Ihren Standort ermitteln können.

Besitzen Sie keinen eigenen Keller, könnten Sie vielleicht einen Nachbarn fragen, der für das Thema offen ist. Vielleicht wäre es möglich, hier eine Zweckgemeinschaft einzugehen, sodass Sie im Ernstfall dort unterkommen könnten und im Gegenzug bei den Vorbereitungen helfen.

Bunker

Nur wenige Menschen werden in der Lage sein, einen Bunker für sich und die Familie bauen zu lassen. Das liegt einerseits an den Kosten, denn für einen voll ausgestatteten Bunker für eine dreiköpfige Familie ist man ab einer Investition von 50 000 Euro aufwärts dabei. Nach oben sind preislich fast keine Grenzen gesetzt. Derzeit haben die Firmen, die solche Bauten anbieten, Hochkonjunktur, und wahrscheinlich ist es so, dass Sie hier eine Wartezeit von mindestens einem Jahr haben.

Ausstattung des Schutzraums

Im Kapitel »Bevorratung« habe ich bereits auf die wichtigsten Dinge hingewiesen, die Sie zum dauerhaften autarken Überleben benötigen. Die Bevorratung im Schutzraum muss von der Menge her einen Aufenthalt von mindestens 14 Tagen sicherstellen können, da Sie den Schutzraum in den ersten 10 Tagen wegen der herrschenden Radioaktivität im Freien keinesfalls verlassen dürfen. Das heißt also, dass Sie darin überlebenswichtige Dinge wie Decken, Trinkwasser, Nahrung sowie das bereits genannte Equipment lagern.

Essenzielle Dinge

Getränke und Lebensmittel müssen wegen der Bruchgefahr in bruchsicheren Behältnissen gelagert werden. Glaskonserven oder Glasflaschen sind völlig ungeeignet. Alle Boxen und Behälter sind idealerweise so beschaffen, dass man sie für den Fall, dass doch einmal Fallout in den Schutzraum eindringt, staubfest verschließen kann. Somit ist die Versorgung mit nicht kontaminierter Nahrung sichergestellt, denn diese kann immer den sicheren Behältnissen entnommen werden. Beschränken Sie Ihren Vorrat überwiegend auf Nahrung, die Sie nicht erhitzen müssen, also auf Lebensmittel, die keine Wärmequelle zur Zubereitung benötigen, falls der Strom weg sein sollte. Es sei denn, Sie haben eine Möglichkeit, ohne Kohlenmonoxidbildung zu kochen. Kohlenmonoxid ist ein farb- und geruchloses Gas, das lebensgefährlich ist und von Ihnen nicht wahrgenommen werden kann. Es entsteht beim Betrieb von Verbrenneröfen und ist gerade in unbelüfteten Räumen ein Problem. Es gibt spezielle Wärmebeutel, mit denen Sie im Notfall auch Speisen erhitzen können. Diese sind aber schwer zu beschaffen. Damit wird unter Zugabe von Wasser eine chemische Reaktion erzeugt, welche die Beutel so heiß werden lässt, dass Sie damit eine Mahlzeit erwärmen können. Meist sind diese Beutel dem Militär vorbehalten. Vermeiden Sie wenn möglich ein Hantieren mit offener Flamme. Das Kochen mit Spiritus-, Benzin-, Holz- oder Gaskochern ist in Schutzräumen lebensgefährlich und sollte daher unterlassen werden. Außerdem haben Sie immer eine Feuergefahr und zusätzlichen Sauerstoffverbrauch bei den Verbrennern. Es ist ratsam, für die Zeit, in der Sie auf den Angriff im Schutzraum warten, eine elektrische Kochplatte anzuschaffen, auf der Sie Speisen zubereiten können.

Schlaf- und Sitzgelegenheiten

Schaffen Sie Schlafgelegenheiten für ein Drittel der Personen, die im Schutzraum überleben können. Ein Drittel deswegen, weil Sie in den meisten Fällen Platz sparen müssen. Somit kann in einem regelmäßigen Turnus immer wieder eine Person schlafen, sodass das Bett 24 Stunden belegt ist. Der Vorteil ist, dass es dann immer wieder Personen als Nachtwache gibt. Ideal wäre die Ausstattung des Schutzraums mit einem Hochbett, was aus mehreren Etagen besteht. Das Hochbett hat das beste Platz-Nutzen-Verhältnis. Hier muss nicht zwingend viel investiert werden, ein gewöhnliches Rahmengestell aus Metall genügt. Eine weitere Möglichkeit besteht darin, Isomatten oder Luftmatratzen als Schlafgelegenheit auszulegen. Vergessen Sie nicht die entsprechenden Decken, Schlafsäcke und Kopfkissen dafür.

Gibt es der Platz in Ihrem Schutzraum her, statten Sie diesen mit einem Tisch sowie Stühlen aus. Das wird der zentrale Ort sein, wo sich die meisten Tätigkeiten wie Nahrungszubereitung, Essen, Trinken und so weiter abspielen. Ein Tisch schafft enorm viel Komfort und hilft dabei, die Tage kurzweiliger zu gestalten. Das ist auch aus orthopädischen Gründen für den Menschen wichtig, um den Rücken zu entlasten.

Unterhaltungs- und Ablenkungsmöglichkeiten

Das Zusammenleben auf engstem Raum ist eine große Herausforderung. Menschen reagieren unterschiedlich darauf, und dabei spielt es nicht unbedingt eine Rolle, in welcher psychischen Verfassung man sich befindet. Auch Personen, die sonst nichts erschüttern kann, können nach ein paar Tagen im Schutzraum »durchdrehen«. Deshalb müssen Sie in diesem Bereich vorbeugen. Schaffen Sie Dinge an, die Sie von der Warterei und vom Grübeln ablenken. Das können Brett- oder Kartenspiele sein, Bücher, Strick- und Spielzeug und so weiter.

Machen Sie sich hier Gedanken. Das ist ein Punkt, der nicht unterschätzt werden sollte. Stellen Sie sich vor, dass Sie für mehrere Tage bis Wochen zusammen auf engstem Raum mit Ihrer Familie oder anderen Personen verbringen müssen, ohne jegliche Privatsphäre und Ablenkungen. Es dürfte klar sein, dass hier die Reizbarzeitschwelle deutlich sinkt. Um Konflikte oder Panik vorzubeugen, müssen Sie präventiv dafür die Mittel parat haben. Bedenken Sie bitte: Eine panische Person bringt nicht nur Unruhe in die Psychologie des Raums, sie benötigt auch mehr Sauerstoff und bringt womöglich Sie und die anderen Personen in Schwierigkeiten.

Hygiene und Wechselwäsche

Im Kapitel »Bevorratung« habe ich Sie auf die Anschaffung einer Campingtoilette aufmerksam gemacht. Diese sollte im Schutzraum aufgestellt werden. Damit Sie ein Gefühl dafür erhalten, wie viele Ausscheidungen der Mensch täglich von sich gibt, gebe ich Ihnen hier einen groben Richtwert: Fünf Personen erzeugen in 6 Tagen eine Menge von etwa 35–40 Litern Fäkalien. Diese müssen an einem anderen Ort entsorgt werden, und zwar so, dass sie luftdicht abgeschlossen und somit geruchsfrei und sicher aufbewahrt lagern. Sicher bedeutet, dass die Beutel geschützt vor physischen Einwirkungen aufbewahrt werden, damit sie nicht beschädigt werden und auslaufen.

Privatsphäre gibt es in einem Schutzraum nicht. Fehlen Rückzugsbereiche, in denen man seine intimsten Dinge erledigen kann, ist das Gift für den sozialen Frieden. Schaffen Sie die passende Umgebung. Ein Abtrennvorhang etwa ist wichtig für die Privatsphäre beim Toilettengang oder bei der Körperpflege, sofern Sie nicht allein sind.

Um zumindest einen kleinen Hygienestandard zu halten, sollten Sie Wechselwäsche im Schutzraum vorrätig halten. Dazu zählen Unterwäsche und ein Satz frische Oberbekleidung. Dies verbessert nicht nur die Hygiene, es tut auch der Psyche gut, wenn Sie sich mal mit frischer Bekleidung ausstatten.

Feuchtigkeitsmanagement

Etwas, womit Sie im Schutzraum ebenfalls konfrontiert werden, ist das Auftreten von Feuchtigkeit, was sehr lästig werden kann. Diese entsteht durch das Schwitzen der

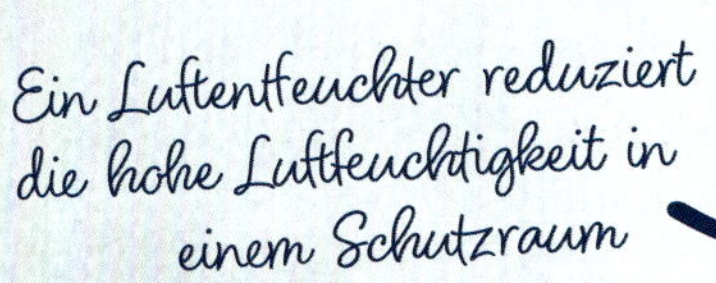

Personen, die sich im Schutzraum befinden. Außerdem atmet der Mensch am Tag etwa 0,4 Liter Feuchtigkeit aus, die nur bis zu einem gewissen Grad von der Luft aufgenommen werden kann. Ist diese gesättigt, schlägt sich die Nässe an den Wänden und der Decke nieder. Im schlimmsten Fall tropft sie dann nach einiger Zeit von oben auf Sie und Ihre Einrichtung herab. Für diesen Fall ist es sinnvoll, Trockengranulat mit Luftentfeuchtern, die ohne elektrische Energie funktionieren, einzulagern, was dem Ganzen effektiv entgegenwirkt und zusätzlich das Raumklima verbessert.

Weiteres Equipment

Zusätzlich sollten Sie weitere Dinge anschaffen und im Schutzraum vorrätig haben.

Taschenlampe/Lichtquelle

Wenn Sie alles richtiggemacht haben, fällt in Ihren Schutzraum kein Licht von außen ein. Ohne eine Lichtquelle sind Sie in Ihrer Behausung allerdings orientierungslos. Platzieren Sie daher, wie im Kapitel »Bevorratung« genannt, eine oder mehrere Leuchten gut zugänglich an einer zentralen Stelle im Schutzraum.

Bei herkömmlichen Taschenlampen zusätzliche Batterien nicht vergessen!

Müllsäcke und Plastikbeutel

Siehe Kapitel »Bevorratung«.

Erste-Hilfe-Set und Medikamente

Siehe Kapitel »Bevorratung«.

Selbstbefreiungswerkzeug

Es kann nie ausgeschlossen werden, dass Teile Ihres Schutzraums oder des Gebäudes über Ihnen zerstört werden und Sie plötzlich eingeschlossen sind, weil Trümmerteile den Ausgang versperren. Für diesen Fall benötigen Sie Selbstbefreiungswerkzeug, mit dem Sie sich aus eigener Kraft wieder befreien können. Denken Sie bitte niemals, dass Sie aufgeben sollten, wenn Sie verschüttet werden. Sie müssen alles dafür tun, um wieder freizukommen. Eine Spitzhacke, Spaten, Hammer, Meißel und eine Brechstange können hier von großem Nutzen sein. Platzieren Sie diese so, dass sie immer gut zugänglich sind.

Schutzanzüge und Atemschutzmasken

Siehe Kapitel »Bevorratung«.

Tierbedarf

Dazu zählen Spielzeuge für Ihre Tiere, Toilettenmöglichkeit, zum Beispiel Katzenklo oder Zeitungen, damit Ihr Hund darauf sein Geschäft erledigen kann. Kotbeutel nicht vergessen, damit die Hinterlassenschaften hygienisch entsorgt werden können. Vergessen Sie auch nicht Nahrung und Näpfe.

Notfallrucksack

Siehe Kapitel »Bevorratung«.

Brandbekämpfungsmittel

Siehe Kapitel »Bevorratung«.

Nützliches Werkzeug, falls Sie sich aus Trümmern ausgraben müssen

Duftspender

Des Weiteren werden beim Zusammenleben von Personen auf engstem Raum mit der Zeit störende Gerüche entstehen. Aufgrund der eingeschränkten Körperhygiene, höheren Luftfeuchtigkeit, Toilettengänge und der fehlenden Möglichkeit zum Lüften ist das unvermeidlich. Hier können Sie sich mit einem Duftspender behelfen, den Sie im Drogeriemarkt erwerben können. Achten Sie beim Kauf darauf, dass bei der Geruchswahl ein Duft verwendet wird, den jeder gern riecht.

Die folgenden Gegenstände sind nicht zwangsläufig erforderlich, verbessern aber den Komfort.

- Schreibzeug (zum Anfertigen von Notizen, Schreiben von Briefen, Testamenten und so weiter)
- Leine und Klammern (zum Aufhängen von Wäsche)
- Nähzeug (für kleine Textilreparaturen)
- Ohrstöpsel (falls jemand in Ihrem Umfeld ein starker Schnarcher ist)

Verbesserung der Schutzwirkung

Mit einer soliden Ausstattung sowie einigen Kleinigkeiten können Sie die Sicherheit im Schutzraum zusätzlich verbessern. Folgende Maßnahmen erhöhen den Schutzfaktor und damit Ihre Überlebenschancen:

Beginnen Sie mit dem Verbessern der Schutzwirkung außen am Gebäude. Nicht selten liegen bei Kellerräumen die Fenster mit der Kante oberhalb des Bodenniveaus. Hier sollte man besondere Vorkehrungen treffen, damit weder Strahlung noch Fallout in den Raum gelangen. Das könnte beispielsweise mit Brettern erfolgen, welche die Fenster etwas abschirmen. Zusätzlich könnten Sandsäcke vor den Fenstern angebracht werden, um die physische Schutzwirkung gegen Strahlung sowie Trümmerflug zu erhöhen.

Hat Ihr Keller nur einen Zugang, müssen Maßnahmen getroffen werden, die diesen verstärken. Das bedeutet, dass Sie den Kellereingang zusätzlich abstützen müssen. Lassen Sie sich dazu von einem Handwerker beraten. Im Baufachhandel können Sie spezielle Metallstützen erwerben, die Sie selbst ohne großes handwerkliches Geschick anbringen können. Sie sollten sich der Vollständigkeit halber auch über das zusätzliche Abstützen des Fundaments Gedanken machen, um die Trümmerlastgefahr zu verringern.

Für den Fall, dass im Schutzraum ein Kamin vorhanden ist, muss dieser natürlich abgedichtet, das heißt temporär luftdicht verschlossen werden, da ansonsten die radioaktive Strahlung mit dem Fallout durch den Schacht in den

Schutzraum gelangt. Es dürfte klar sein, dass der Kamin während dieser Zeit nicht genutzt werden darf.

Hinweis

Testen Sie den Schutzraum bei starkem Wind oder Sturm, indem Sie mehrere brennende Kerzen an verschiedenen Stellen platzieren, um undichte Stellen in Fenstern und Türrahmen, Steckdosen und so weiter ausfindig zu machen! Nur so sind Sie sicher vor radioaktivem Niederschlag.

Auch eventuell vorhandene Schäden im Mauerwerk der Wände inner- und außerhalb des Gebäudes sollten zeitnah beseitigt werden, um die Schutzwirkung des Raums zu verbessern.

Die Türrahmen versehen Sie mit einem Schaumstoffstreifen oder Gummi, den Sie im Baumarkt beziehen können. Damit bekommen Sie diese Zugänge überwiegend luft- und staubdicht.

Führen Leitungen durch den Kellerschutzraum, müssen diese mit Absperrvorrichtungen versehen werden. Stellen Sie sich vor, eine Wasserleitung wird beschädigt und Ihr Keller läuft mit Wasser voll. Nicht nur, dass alles nass und dadurch beschädigt wird, es wäre auch das Risiko des Ertrinkens gegeben. Mein Vorschlag wäre, dass Sie diese Absperrvorrichtung vor dem Haus montieren. Sprechen Sie darüber mit für das jeweilige Fachgebiet erfahrenen Handwerkern.

Schleuse

Wenn Sie nach dem Atomangriff aus irgendwelchen Gründen ins Freie, danach aber wieder in den Schutzraum zurückkehren müssen, besteht ein hohes Risiko, dass Sie Fallout mit in den Schutzraum bringen. Dieser setzt sich, ohne dass Sie es merken, auf Ihrer Bekleidung oder Haut ab. Somit verstrahlen Sie alle Personen und Gegenstände um sich herum. Das gefährdet Sie und alle anderen Personen im Schutzraum.

Um das Risiko deutlich zu senken, sollten Sie eine Schleuse vor Ihrem Schutzraum errichten. Die Schleuse ist ein Bereich, in dem Sie sich entkleiden und vom Fallout befreien, sprich dekontaminieren können. Die Umsetzung einer

Schleuse ist denkbar einfach. Zum Bau verwenden Sie Folie, die Sie an der Decke und an den Wänden befestigen. Eine Folie wird mindestens einen Meter entfernt von Ihrer Schutzraumtür angebracht, die andere etwa 2 Meter davor, damit Sie ausreichend Bewegungsfreiheit in der Schleuse haben. Besseren Schutz erreichen Sie, indem Sie noch eine weitere Folie davor platzieren. Die Folien dienen nämlich dem Zurückhalten des Staubs und müssen Fallout in der Schleuse halten. Nirgends darf dieser in Richtung Schutzraum entweichen. Stellen Sie sich vor, Sie wären ein Staubpartikel, und dann überlegen Sie, wo es für Sie Möglichkeiten gäbe, aus der Schleuse in den Schutzraum einzudringen. Alle potenziellen Schlupflöcher müssen beseitigt werden. Die Folien müssen auf dem Boden und den Wänden dicht abschließen. Dafür könnten beispielsweise zurechtgeschnittene Holzlatten nützlich sein, welche die Folie beschweren und in die das Ende der Folie eingerollt, genauer gesagt geklebt werden kann. Schneiden Sie nach jeder befestigten Folie einen Zugang in die Mitte der Folie, ohne dabei Folienstücke zu entfernen. Es genügen dafür zwei Schnitte mit einem Messer von oben nach unten, etwa in Körperbreite voneinander entfernt.

In der Schleuse stellen Sie Hilfsmittel zur Dekontamination bereit. Mehr Informationen dazu finden Sie im Kapitel »Die Zeit danach – Dekontamination«.

Sauerstoffversorgung

Der menschliche Körper ist auf Sauerstoff angewiesen, um die Aufrechterhaltung der lebenswichtigen Körperfunktionen zu gewährleisten. Der Verbrauch hängt von vielen Faktoren ab, wie dem Alter oder der individuellen Atemfrequenz und davon, ob sich die Person anstrengt oder ob sie sich im Ruhezustand befindet. Beim Ausatmen wird Kohlendioxid freigesetzt. Mit dem Verbrauch des Sauerstoffs steigt, bedingt durch das Ausatmen, auch der Anteil an Kohlendioxid in der Umgebungsluft. Dieses behindert in zu hoher Konzentration die Sauerstoffaufnahme und führt dann zu Kopfschmerzen, Bewusstlosigkeit und im schlimmsten Fall zum Tod, wenn keine Frischluft zugeführt wird.

Eine erwachsene Person benötigt pro Stunde etwa 1 Kubikmeter Luft. Das bedeutet ein Raum mit 9 Quadratmetern Fläche und einer Raumhöhe von

2,50 Metern kann einen Menschen im Ruhezustand in der Theorie für einen Zeitraum von 22 Stunden mit »guter« Luft versorgen. Ist dieser Vorrat aufgebraucht und der Kohlendioxidgehalt der Luft entsprechend erhöht, äußern sich die ersten Symptome. Danach besteht aber noch keine Erstickungsgefahr. Kopfschmerzen und Unwohlsein treten auf. Zwar kann der Mensch das ohne gesundheitlichen Schaden aushalten, jedoch muss sofort Frischluft zugeführt werden.

Als zuverlässiges Prüfmittel für die Luftqualität kann eine Kerze genommen werden. Bei Erlöschen der Flamme beträgt der Kohlendioxidgehalt mehr als 3 Prozent. In diesem Fall muss sofort Frischluft zugeführt werden. Besser noch ist ein Kohlendioxidwarngerät, das Alarm schlägt, wenn die Luftqualität zu schlecht wird. Sie erhalten diese Geräte bereits ab 25 Euro.

Ist die Luftqualität zu schlecht, schlägt ein Kohlendioxidwarngerät Alarm

Der beste Weg ist meiner Meinung nach immer ein Austausch der Luft, so wie es beim täglichen Lüften zu Hause der Fall ist. Schaffen Sie sich daher auf Fenstergröße angepasste HEPA-Filtermatten an, die Sie hinter Ihren Kellerfenstern anbringen. Diese halten sicher selbst kleinste Staubpartikel ab. Ziehen Sie durch diese Filtermatten bei geöffnetem Fenster oder einem von Ihnen gebohrten Luftschlitz mithilfe eines Lüfters (zum Beispiel mit einem PC-Lüfter, das ist ausreichend), frische Luft von außen in den Schutzraum. Vergessen Sie dabei nicht, dass der Lüfter elektrische Energie benötigt. Schaffen Sie deshalb genügend Batterien an, damit Sie mehrmals am Tag frische Luft zuführen können.

Bringen Sie Filtermatten hinter Kellerfenstern an, diese halten auch kleinste Staubpartikel ab

Können Sie dies bautechnisch nicht realisieren, dürfen Sie nur bei Regen lüften. Das reduziert das Risiko, das radioaktiver Staub eindringt. Auch dies ist nur eine behelfsmäßige Notlösung!

Eine andere (einfach) improvisierte Möglichkeit haben Sie nicht. Natürlich können Sie sich auch eine speziell für einen Atomangriff gefertigte Luftzufuhr mit aufwendiger Filtertechnik anschaffen. Das erfordert aber Planung, ist sehr kostenintensiv und bis zur Installation kann viel wertvolle Zeit verstreichen.

Informationsgewinnung

Im Schutzraum haben Sie nicht die besten Voraussetzungen für den Empfang eines Radios. Grund dafür ist, dass die Stahlarmierungen im Beton störend wirken. UKW- und DAB+-Sender können in vielen Untergeschossen und Schutzräumen nicht empfangen werden. Deshalb sollten Sie Ihren Weltempfänger zusätzlich mit einem Empfangsdraht verbinden, den Sie von außen nach innen in den Schutzraum legen. Bohren Sie dazu ein Loch in die Kellerwand und dichten Sie es anschließend mit einer Dichtmasse, wie Silikon oder Ähnlichem ab, damit kein Staub durch das Loch in den Schutzraum gelangt. Die Sender senden im Ernstfall mit verstärkter Sendeleistung.

Checkliste für den Schutzraum

- [ ] Schlafplätze für ein Drittel der Personen die sich im Schutzraum aufhalten sollen
- [ ] Decken und Schlafsäcke
- [ ] Sitzgelegenheiten und Tisch
- [ ] Wasservorräte
- [ ] Lebensmittelvorräte
- [ ] Kochplatte
- [ ] Notfallradio
- [ ] Hausapotheke
- [ ] Werkzeuge zur Selbstbefreiung
- [ ] Feuerlöschgeräte
- [ ] Unterhaltungsspiele
- [ ] Wechselwäsche
- [ ] Campingtoilette und Hygieneartikel
- [ ] Katzenstreu oder Sägespäne für Toilette
- [ ] Exkrementbeutel
- [ ] Desinfektionsmittel
- [ ] Dichtungsmaterialien
- [ ] Luftentfeuchter
- [ ] Lichtquelle
- [ ] Medikamente und Erste-Hilfe-Set
- [ ] Schutzanzüge und Masken
- [ ] Notfallrucksack

Geigerzähler

Nach einem Atomangriff werden die meisten Menschen mit dem Problem und der damit verbundenen Angst konfrontiert sein, dass sie nicht wissen, ob sie ihr Haus verlassen können oder nicht. Der »unsichtbare« Tod in Form radioaktiver Strahlung lauert möglicherweise überall. Doch eines Tages wird der Zeitpunkt kommen, wo Sie Ihren Schutzraum oder Bunker verlassen und ins Freie müssen.

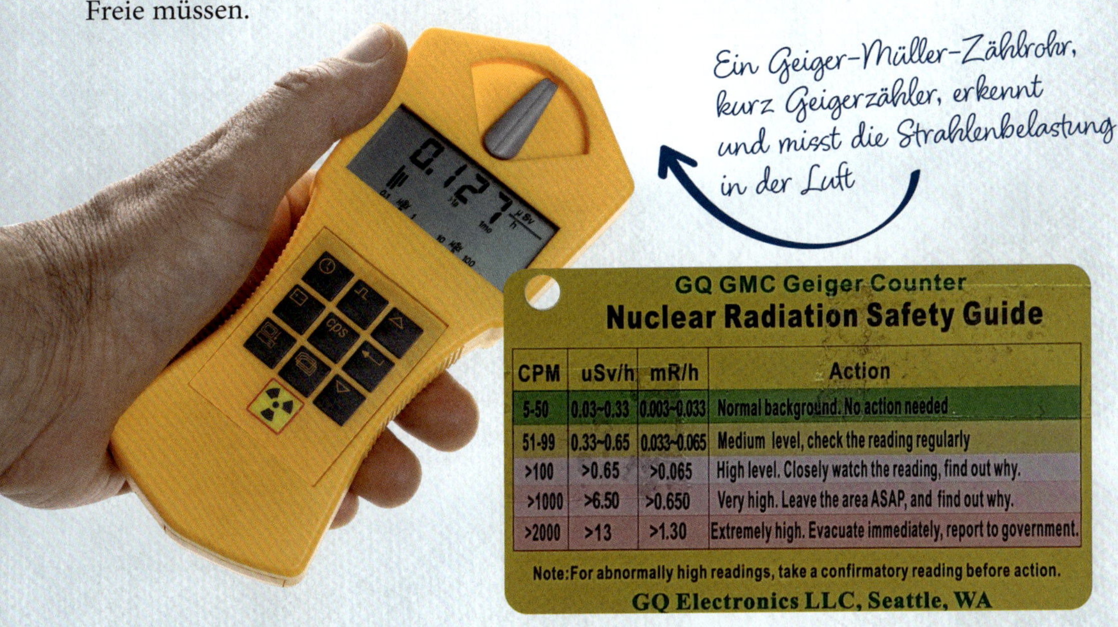

Ein Geiger-Müller-Zählrohr, kurz Geigerzähler, erkennt und misst die Strahlenbelastung in der Luft

Hier würde ich vorschlagen, dass Sie sich mit einem Geigerzähler ausrüsten. Gemeint ist hier ein Geiger-Müller-Zählrohr, kein Dosimeter. Während klassische Geigerzähler in erster Linie für die Messung aktuell vorhandener Radioaktivität ausgelegt sind, dienen Dosimeter im Allgemeinen zum Sammeln der Intensitäten einzelner Strahlendosen über längere Zeiträume. Üblicherweise misst ein Geigerzähler für den Privatbedarf Beta- und Gamma-Strahlen, aber keine Alpha-Strahlen. Das genügt im Prinzip auch, weil Alphastrahlung nicht so weit reicht und daher als nicht so gefährlich für den Menschen gilt. Die Messung von Beta- und Gamma-Strahlen sollte der Geigerzähler aber leisten können. Sie müssen dann vor Gebrauch jeweils einstellen, welche Strahlen Sie messen möchten. Vergessen Sie nicht, Ersatzbatterien für das Gerät einzulagern!

Damit auch der Laie mit so einem Gerät umgehen kann, verfügen brauchbare Geräte über mitgelieferte Übersichten, auf denen Sie die angezeigten Werte ablesen können und darüber informiert werden, ob diese sich im gesundheitsschädlichen Rahmen bewegen.

Sirenensignale kennen!

Die klassische Sirene war bis vor einigen Jahren das Warnmittel schlechthin, und so manche stillgelegte Sirene wird glücklicherweise wieder reaktiviert. In manchen Bundesländern wird regelmäßig ein Sirenentest durchgeführt. Zeitpunkte dafür sind jeder erste Samstag im Monat um 12 Uhr mittags oder jeder Mittwoch um 15 Uhr. Damit Sie im Falle einer Sirenenalarmierung auch wissen, was das Warnsignal bedeutet, sollten Sie sich damit befassen und sich auf der Webseite vom BBK ein Beispielaudio dazu anhören.[7] Beherzigen Sie diesen Ratschlag, denn die meisten Menschen, die ich kenne, können mit der Bedeutung der Heultöne nichts anfangen.

Bevölkerungswarnung		
Tonart	Bedeutung	Handlungsempfehlung
1-minütiger an- und abschwellender Heulton	Unmittelbare oder in Kürze zu erwartende Gefahr im Gebiet	Alle Informationsmedien für weitere Hinweise nutzen. Amtliche Anweisungen befolgen
Entwarnung		
Tonart	Bedeutung	Handlungsempfehlung
1-minütiger Dauerton	Es besteht keine Gefahr mehr	Alle Informationsmedien für weitere Hinweise nutzen

7 Audiodatei: *https://im.baden-wuerttemberg.de/de/sicherheit/krisenmanagement/warnung-der-bevoelkerung/*.

Training für den Ernstfall

Neben meinem Beruf als Survivalguide habe ich jahrelang als Nahkampfausbilder für Militär, Polizei und Personenschützer gearbeitet. In diesem Zusammenhang habe ich die Erfahrung gemacht, dass Menschen wiederholt und drillmäßig eingeübte Bewegungsabläufe für die Selbstverteidigung im Ernstfall sicher abrufen können. Oder anders gesagt: Die Bewegungsabläufe werden zu Automatismen, die man dann, wenn es darauf ankommt, unbewusst ausführen kann. Man wird also in die Lage versetzt, unmittelbar das Richtige zu tun, denn Zeit hat man im Fall des Falles möglicherweise keine mehr. Deshalb sollten Sie ein paar Dinge für die Situation eines Atombombenangriffs üben. Und zwar so lange, bis sie in Fleisch und Blut übergegangen sind. Wenn Sie von einem Atombombenangriff in der Nähe überrascht werden, rettet jede Sekunde, in der Sie nicht zaudern, sondern richtig handeln, Ihre Gesundheit oder sogar Ihr Leben.

Vielleicht erscheint es manchem Leser absurd, den Ernstfall zu proben. Hierzulande belächelt man viele Dinge, die anderswo längst selbstverständlich sind und dort auch gefördert werden. Doch Sie haben die Wahl! Entweder Sie reagieren gelassen auf den Spott und steigern Ihre Überlebenschancen, oder Sie verharren in Untätigkeit aus Sorge davor, dass Sie und Ihre Familie in Ihrem Ansehen Schaden erleiden könnten. Ich persönlich habe mich schon vor Jahren von dem gelöst, was die Menschen um mich herum wohl denken mögen.

Als ich ein kleiner Junge war, gab es in der Schule regelmäßig Probealarm. Dabei wurden alle Kinder geordnet zum Schutzraum der Schule geführt – mit dem Hinweis, dass wir »den Atomalarm« proben. Das hat mir damals Angst gemacht, weil das Thema nie richtig kommuniziert und erklärt wurde. Deshalb ist es mir bis in die späte Jugend eine unangenehme Erinnerung geblieben. Damit meinem Nachwuchs das nicht passiert, bin ich dabei ganz anders vorgegangen und habe den Kleinen alles genau erklärt. Wichtig ist, dass man den Kindern kein Weltuntergangsszenario eintrichtert, sondern sie nach wie vor in der naiven Welt der Kindheit belässt. Wenn Sie Kinder haben, können Sie dies ebenfalls mit ihnen üben. Wenn Sie Ihr Kind im vernünftigen Rahmen und ohne große Ängste zu schüren für das Thema sensibilisieren, so hilft ihm dies im Ernstfall, die schwierige Situation besser zu meistern und angemessen zu »funktionieren«. Praxisbezogene Übungen wären demnach das Verhalten bei einem Atomangriff (siehe auch das entsprechende Kapitel) drinnen und draußen. Ich habe in diesem Kapitel genaue Handlungsanweisungen beschrieben, die Ihr Leben schützen.

Aber auch im Haushalt sollten Praxisübungen durchgeführt werden. Üben Sie mit Ihrer Familie das schnelle Ausschalten von Heizungs-, Lüftungs- und Klimaanlagen, das schnelle Schließen von Rollläden, Fenstern und Türen. Befördern Sie so viele Gegengenstände und Möbel wie möglich zwischen sich und die Fenster. Begeben Sie sich dann rasch in Ihren Schutzraum. Wiederholen Sie den Vorgang unter Zeitdruck ein paar Mal, bis er »sitzt«. Setzen Sie sich dabei ein Zeitlimit von einer Minute.

Verbringen Sie auch mal testweise ein Wochenende mit Ihrer Familie in dem Schutzraum. Somit erhalten Sie vorab Erfahrungswerte, die sie meist nicht erahnen können, und sind somit in der Lage, es im Ernstfall besser zu machen.

Survivalkit für Atomangriffe

Müssen Sie mit der Zeit feststellen, dass ein Atomschlag im Bereich des Möglichen liegen könnte, sollten Sie immer, wenn Sie unterwegs sind, ein kleines Survivalkit für Atomangriffe mitführen. Darin befinden sich Gegenstände, mit denen Sie einen improvisierten Schutz für sich und eine Begleitperson schaffen können. Denken Sie daran, dass die meisten Menschen überhaupt nicht über das Wissen, das Sie nach dem Lesen dieses Buches verinnerlicht haben, verfügen, geschweige denn über ein Survivalkit für Atomangriffe. Wenn Sie sich eine kleine Tasche mit dem von mir aufgelisteten Equipment ausstatten, sind Sie besser dran als die meisten Menschen, weil Sie sich auch vor den Spätfolgen wie etwa Fallout temporär schützen können. Führen Sie diese Tasche stets mit.

Egal, ob zum Einkaufen, beim Spaziergang oder wenn Sie zur Arbeit gehen. Dieses Kit könnte Ihr Leben retten!

Auch jede Person, mit der Sie unterwegs sind, sollte eine Tasche dieser Art mitführen und in den Gebrauch der Gegenstände eingewiesen sein. Sie können den von mir aufgelisteten Inhalt auch in einer großen Tasche oder einem Rucksack für alle Personen mitführen. Noch einmal: Nehmen Sie das Kit immer mit und behalten Sie es immer in der Nähe. Geben Sie Acht auf Ihre Tasche und sorgen Sie dafür, dass der Inhalt unbeschädigt bleibt.

Menge	Gegenstand	Zweck
1 x	Glasbruchhammer	Falls Sie schnell in ein Gebäude eindringen müssen, die Tür verschlossen ist und Sie sich Zutritt durchs Fenster verschaffen müssen
2 x	Rettungsdecke	Zum Schutz vor Kälte/Witterung/Fallout
2 x	Staubschutzmaske FFP2	Verhindert eine Aufnahme von radioaktiv verseuchten Partikeln über die Atemwege
1 x	Taschenlampe (mini)	Dient zur Orientierung bei Dunkelheit
2 x	Verbandspäckchen	Zur schnellen improvisierten Erste Hilfe bei Wunden
2 x	Wasserbeutel	Zum Trinken sowie zum Spülen von Wunden. Zusätzlich zum Dekontaminieren von Haut
2 x	Einweghandschuhe	Zum Schutz der Hände vor Kontamination sowie zum Schutz vor Ansteckung bei Behandlung von fremden Verletzten
2 x	Ohrenstöpsel	Zum sicheren Verschluss des Gehörgangs, damit sich dort kein Fallout ansammeln kann
1 x	Schutzbrille (staubdicht)	Zum Schutz der Augen vor radioaktivem Staub
1 x	Plastikbeutel (groß)	Zum Verstauen der kontaminierten Bekleidung beim Betreten eines Gebäudes
1 x	Plastikbeutel (klein)	Für alles Mögliche
1 x	Miniradio	Zum Empfang von Informationen

Richtiges Verhalten bei einem Atomangriff

Vorab: Diese Kapitel soll Atomwaffen in ihrer destruktiven Wirkung weder verharmlosen noch dem Leser das Gefühl geben, ihr Einsatz sei nur »halb so wild«. Dennoch ist es Fakt, dass nukleare Waffen keine direkten Planetenvernichter und in ihrer direkten Wirkung räumlich begrenzt sind. Ja, es stimmt, sie haben einen deutlich größeren tödlichen Radius als konventionelle Waffen, können aber auch nur für einen beschränkten Zweck eingesetzt werden. Das ist auch der Grund, warum die führenden Atommächte über ein Arsenal von ein paar Tausend Atomsprengköpfen verfügen. Die Tatsache, dass der letale Radius begrenzt ist, schafft die Grundlage zu überleben.

Die von mir aufgeführten Handlungsweisen helfen Ihnen, Ihre Überlebenschancen zu erhöhen. Sie zählen zu den wichtigsten Inhalten dieses Buches und sollten aufmerksam gelesen und verinnerlicht werden.

Bitte bedenken Sie, dass Sie jede in Ihrem Haushalt lebende Person oder Menschen, die Ihnen lieb und teuer sind, in die Vorgehensweisen einweihen müssen. Jeder muss jeden Handschlag aus dem Effeff beherrschen, daher ist meine Empfehlung, dass sie diese Maßnahmen intensiv üben (siehe Kapitel »Übungen für den Ernstfall«). Somit verbessern Sie Ihre Sicherheit, Ihre Überlebenschancen und senken das Risiko, gesundheitlichen Schaden zu erleiden.

Man unterscheidet zwischen zwei Angriffssituationen: Diejenige, in der ein Atomschlag angekündigt oder von der NATO bemerkt wird und der Staat eine Warnung durchgeben kann. Bei der anderen erfolgt der Angriff ohne Vorwarnung. Letztere ist von der Wirkung die Verheerendere, da für große Teile der Menschen in den Detonationsgebieten keine Möglichkeit besteht, schnell Schutz zu suchen oder akute Vorkehrungen zu treffen.

Wenn Atomraketen aus dem fernen Ausland abgefeuert werden, sind sie relativ schnell hier bei uns. Bereits in den 80er-Jahren des letzten Jahrhunderts waren Mittelstreckenraketen des Typs SS20 so schnell, dass sie bei einem entfernten Ziel von mehreren hundert Kilometern vom Start bis zur Detonation nur wenige Minuten benötigten.

Sie fragen sich jetzt vielleicht, warum es trotz Hightech nicht möglich ist, jeglichen Marschflugkörper, der in unseren Luftraum eindringt, zu bemerken. Das liegt daran, dass Atombomben in ständiger Einsatzbereitschaft gehalten werden. U-Boote oder mobile Abschussvorrichtungen können diese Waffen ohne Vorwarnung abfeuern. Sie können dann erst über Radar und Satellit entdeckt werden, nachdem sie abgeschossen wurden. Manche Raketen fliegen in niedrigen Flughöhen. Das macht es noch schwerer, sie zu entdecken. Und selbst wenn, wäre eine Mindestzeit zur Verifizierung und zur Weiterleitung dieser Erkenntnis seitens des Militärs notwendig, um eine rechtzeitige Warnung an die Bevölkerung herauszugeben. Bis dahin könnte es jedoch bereits zum Einschlag der Bombe gekommen sein.

Angriff mit Vorwarnung

Würde ein Angriff stattfinden, bei dem die Behörden die Bevölkerung vor dem Atomschlag warnen könnten, wäre es möglich, noch schadensbegrenzende Maßnahmen zu treffen. Manchmal ist es aber besser, auf sein Bauchgefühl zu hören oder der eigenen Logik zu folgen. Damit meine ich, dass Sie präventiv handeln sollten. Erkennen Sie die mögliche Eskalation! Der Staat wird möglicherweise keine frühzeitige Warnung herausgeben wollen, um das Chaos, das in der Bevölkerung und der Infrastruktur entstehen würde, zu vermeiden. Käme es zu einer Vorwarnung, würde das binnen Minuten zu Hamster- und Panikkäufen führen. Wie bei allen Großschadensereignissen, die eine potenzielle Bedrohung darstellen könnten, würden viele Menschen versuchen, aus den Ballungsräumen zu fliehen, was den gesamten Verkehr auf den Autobahnen und Bundesstraßen zum Erliegen bringen würde. Diese wären im Fall der Fälle dann zusätzlich zu den Personen, die sich ohnehin im Freien aufhalten, der direkten zerstörerischen Wirkung der Atombombe sowie Fallout-Strahlung ausgesetzt. Es wäre außerdem denkbar, dass wichtige Straßen von Polizei und Bundeswehr für hoheitliche Zwecke abgesperrt und kontrolliert würden.

Warnung der Zivilbevölkerung im Katastrophenfall

Die Bevölkerung bei einem bevorstehenden Atomangriff zu warnen, obliegt dem Bund. Diese Warnungen würden im Idealfall zeitnah über verschiedene Medien durchgegeben. Sich darauf verlassen, dass überhaupt gewarnt wird, darf man aber nicht. Wie bei allem ist der Faktor Mensch hier eine Schwachstelle. Das Ahrtal-Hochwasser vom Sommer 2021 ist hierfür eines der besten Beispiele. Trotz der gewaltigen Flutwelle wurden die flussabwärts liegenden Orte nicht gewarnt, obwohl offensichtlich war, dass das Unheil sich einen Weg zu den niedergelegenen Ansiedlungen bahnen würde.

Hochwasser im Ahrtal im Sommer 2021

Cell Broadcast

Der Staat würde die Bevölkerung via Smartphone warnen, und zwar über das sogenannte Cell-Broadcast-System. Hierbei handelt es sich um eine Technologie, mit der Nachrichten an alle Nutzer eines empfangsfähigen Smartphones innerhalb eines bestimmten Abschnitts oder des gesamten Mobilfunknetzes zur Information gesendet werden. So kann im Falle eines Gefahrenereignisses regional die jeweilige Funkzelle oder mehrere Bereiche mit Funkzellen gezielt mit Informationen versorgt werden. Zusätzlich gibt das Smartphone einen gut hörbaren Warnton aus, der vom Benutzer deaktiviert werden muss. Falls Sie beim bundesweiten Test im Dezember 2022 die Warnung auf Ihrem Smartphone empfangen haben, kennen Sie dieses Prozedere. Im Falle eines Atomangriffes wäre der Warntext natürlich ein anderer.

Sirenensignale zur Warnung der Bevölkerung

Das meiner Meinung nach beste klassische Warnmittel ist die Sirene. Sirenenwarnungen ertönen laut und eindeutig und können je nach Tageszeit- und Witterung in bis zu ein paar Kilometern Entfernung wahrgenommen werden. Die Signale sind eindeutig und die Sirenen selbst kaum fehleranfällig. Ihren durchdringenden Warnton vernimmt man selbst im Schlaf, was in Bezug auf den Alarmierungseffekt sehr für dieses Medium spricht.

Warnungen über TV- und Rundfunk

Zudem würde eine Warnung im Idealfall auf dem klassischen Weg über TV- und Rundfunk erfolgen. Sondermeldungen würden auf die drohende Gefahr hinweisen. Die Ausstrahlung der Warnung

sowie Handlungsanweisungen würden seitens der öffentlich-rechtlichen Sender zu jeder vollen Stunde erfolgen.

Digitale Anzeigen

Auf digitalen Anzeigen, die in den Städten oder bei Behörden, Bahnhöfen und so weiter aufgestellt sind, würden Warnmeldungen sowie Handlungsanweisungen angezeigt.

Warnungen auf Internetseiten

Auf der Internetseite der Bundesregierung sowie beim Bundesamt für Bevölkerungsschutz und Katastrophenhilfe würden Warnmeldungen sowie Handlungsanweisungen eingespielt. Zusätzlich würden auch die Social-Media-Kanäle der Behörden die Bevölkerung informieren.

Lautsprecherdurchsagen

Mit Lautsprecherdurchsagen würden Polizei, Feuerwehr sowie Katastrophenschutz einige Straßen in Ballungsräumen abfahren und die Bevölkerung warnen.

Verhalten in Gebäuden

Eine wichtige Erkenntnis ist die Tatsache, dass Sie während eines stattfindenden Atomangriffs deutlich bessere Überlebenschancen haben, wenn Sie sich in einem Gebäude aufhalten. Um zu überleben, braucht man nicht zwingend einen für den Atomangriff gebauten Schutzraum, wenn man sich nicht gerade in der Kernzone des Angriffs befindet.

Wichtig ist, dass Sie so lange wie möglich im Gebäude bleiben. Normale Bauten bieten außerhalb des totalen Zerstörungsradius einen besseren Schutz vor der Druckwelle, die Trümmer, Splitter und andere Gegenstände wie Geschosse durch die Luft fliegen lässt und ein hohes Verletzungsrisiko darstellt. Außerdem wird die Hitzeeinwirkung durch Wände und Decken besser abgehalten oder zumindest stark reduziert. Das senkt die Gefahr von Verbrennungen. Schon

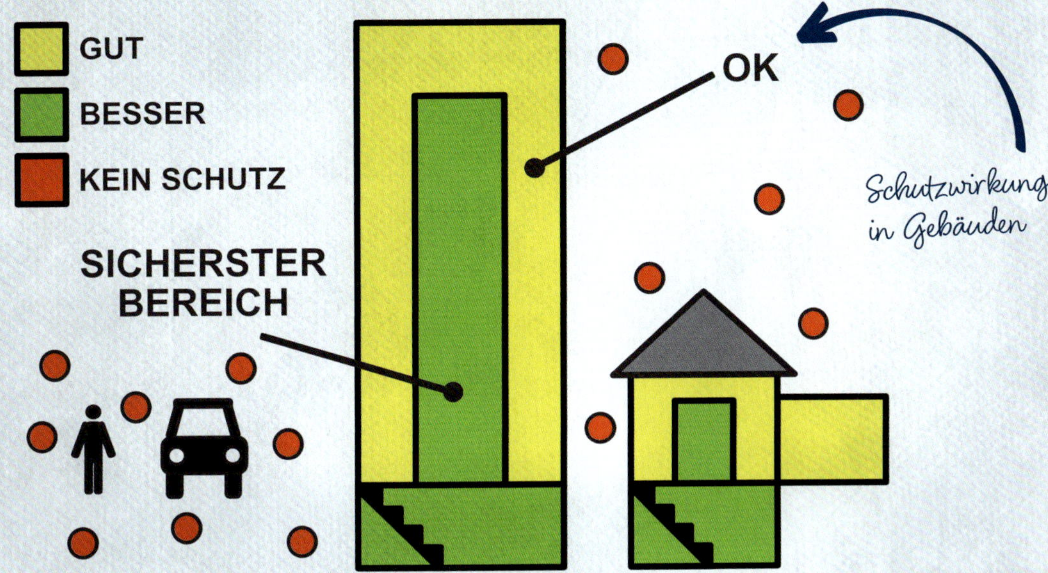

Behausungen, wie eine Industriehalle in Leichtbauform oder ein Bushäuschen an einer Haltestelle, in dem Sie Schutz suchen, machen ein Überleben realistischer. Auch die für Sie lebensbedrohliche Initialstrahlung, die bei der Detonation der Atombombe freigesetzt wird, wird von Gebäuden abgeschwächt oder im Idealfall durch Wände komplett gestoppt. In Gebäuden wird die Strahlendosis im Allgemeinen um etwa den Faktor 10 – und je nachdem, wie dick das Gemäuer ist, welche Steine verwendet wurden, wo man sich aufhält, um einen weitaus höheren Faktor – reduziert. Daher bietet der Aufenthalt in geschlossenen Räumen einen deutlich verbesserten Schutz gegenüber anderen Varianten. Steht Ihnen kein Schutzraum zur Verfügung, gehen Sie wie folgt vor: Innerhalb von Gebäuden ist der sicherste Bereich über Bodenniveau immer die Gebäudemitte. Je tiefer im Gebäudeinneren Sie sich aufhalten und je mehr Wände Sie von der Außenwelt trennen, desto besser. Die oberste Etage oder der Speicher sind vollkommen ungeeignet und bieten fast keine Schutzwirkung. Fallout sammelt sich auf dem Dach und strahlt nach unten zu Ihnen durch. Befinden Sie sich in einem hohen Gebäude, sollten Sie, sofern es die Situation zulässt, tiefer liegende Etagen aufsuchen. Der Grund dafür liegt auf der Hand: Während in niedrigeren Stockwerken durch umliegende Bauten auf gleichem Höhenlevel die Druckwelle möglicherweise abgemildert wird, sind erhöhte Lagen vollkommen exponiert für das Eintreffen dieser Welle. Strahlung wird beim

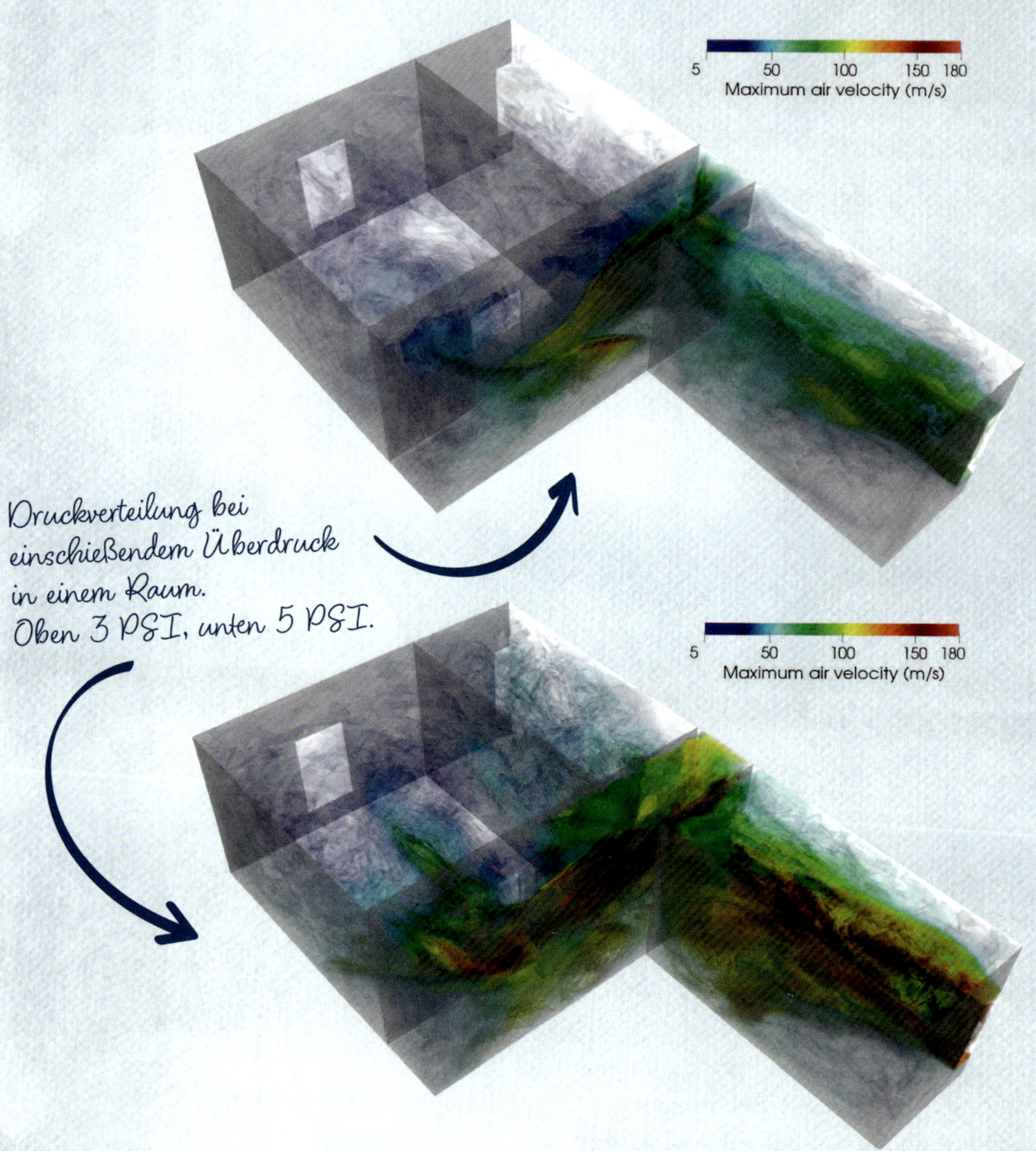

Durchdringen von Materie bis zu einem gewissen Grad durch diese absorbiert und mithin etwas abgeschwächt. Durch die angrenzende Erdschicht vor den Kellerwänden sowie die darüberliegenden Stockwerke ist die Schutzwirkung in einem Raum unter Bodenniveau gegenüber anderen Etagen um ein Vielfaches höher. Als Faustregel gilt: Je tiefer, desto besser!

Was ist bei einer Atomwarnung zu tun?

Schließen Sie rasch Fenster und Türen und lassen Sie die Rollläden herunter. Begeben Sie sich, falls vorhanden, in den Keller oder den Schutzraum. Haben Sie keinen Schutzraum, nehmen Sie einen anderen Raum. Kauern Sie unter dem Tisch. Vermeiden Sie das Aufsuchen von Räumen mit Fliesen an den Wänden oder Bereiche, wo etwas von oben auf Sie fallen könnte, wie ein an der Wand montiertes Bücherregal oder ein Hängeschrank.

Halten Sie sich von Fenstern und Türen entfernt. Je nach Nähe zum Detonationszentrum hat die Druckwelle eine dermaßen hohe Kraft, dass Fensterglas in Sekundenbruchteilen zerspringt und die Glassplitter zu tödlichen Geschossen werden. Bei Türen kann es passieren, dass diese samt Rahmen aus der Verankerung gerissen werden und Personen, die sich direkt dahinter befinden, schwer verletzen oder gar töten.

Suchen Sie Schutz in Ecken, machen Sie sich dabei so klein wie es geht, um die geringstmögliche Angriffsfläche für Splitter zu bilden. Physiker der Universität von Nikosia publizierten im Fachmagazin *Physics* eine Studie[8], für die sie untersuchten, in welchem Rahmen man eine Atombombendetonation überleben kann. Dabei zeigte die Simulation der Physiker, dass die Druckwelle in Innenräumen zunehmen kann, weil Wände die Luft zurückwerfen. Es kommt zu Krafteinwirkungen auf den Körper, der etwa seinem 18-fachen Gewicht entspricht. Daher müssen Korridore gemieden werden!

Verhalten in Gebäuden

- Begeben Sie sich sofort in den Keller oder in tiefer gelegene Etagen.
- Halten Sie sich von Fenstern, Türen und Korridoren fern.
- Legen Sie sich hin und warten Sie die Druck- und Sogwelle ab!
- Halten Sie das Radiogerät eingeschaltet.
- Verbleiben Sie im Gebäude, bis Sie eine Entwarnung erhalten.

8 *https://aip.scitation.org/doi/10.1063/5.0132565.*

Grundsatz: So lange Sie aus dem Fenster schauen können und dabei auch etwas sehen, ist das Risiko von Verletzungen zu hoch. Verändern Sie den Winkel! Schalten Sie Ihr Radiogerät ein und stellen Sie einen öffentlich-rechtlichen Sender ein. Prägen Sie sich diesen Merksatz ein: **Geh rein, bleib drinnen, bleib dran!**

Verhalten im Freien

In den meisten Fällen, es sei denn, ein Atombombenangriff würde angekündigt, werden Sie sich, wenn Sie sich gerade im Freien befinden, nicht auf diesen Moment einstellen können. Sie werden von dem Ereignis also höchstwahrscheinlich überrascht, und zwar dann, wenn Sie Ihren Hund ausführen, beim Joggen oder Wandern sind oder am Strand sitzen und Ihren Urlaub genießen. Durchaus lässt sich sagen, dass Ihre Überlebenschancen und die Chancen, unverletzt zu bleiben, im Freien um ein Vielfaches geringer sind, als wenn Sie sich in einem Gebäude befinden. Das heißt aber nicht, dass Sie sich nun der zerstörerischen Eigenschaften der Atombombe hingeben und sich pulverisieren lassen müssen. Sie möchten ja überleben, also sollten Sie darum kämpfen. Dabei gilt: Die ersten Maßnahmen, die Sie in Sekundenbruchteilen durchführen, sind die wichtigsten.

Das deutlichste und wirkungsvollste Erkennungsmerkmal einer Atombombendetonation wird der außergewöhnlich helle Blitz sein. Werfen Sie sich sofort flach auf den Boden, um sich vor der Druckwelle zu schützen, und zwar sobald der Lichtblitz erscheint. Hügeliges Gelände, Trichter, Bodensenken oder Straßengräben schwächen die Wirkung der Druckwelle möglicherweise ab. Wenn Sie auf dem Boden liegen, bildet Ihr Körper nur eine kleine Angriffsfläche, und die Gefahr, dass Sie von herumfliegenden Trümmern und Gegenständen getroffen werden, minimiert sich. Zudem senken Sie, je nach Entfernung zum Detonationszentrum, das Risiko, von der Druckwelle mitgerissen zu werden und sich zu verletzen. Auch die Möglichkeit, dass Sie von der direkt sich geradlinig ausbreitenden thermischen Strahlung erfasst werden, die eine extrem hohe Temperatur aufweist, wird etwas eingedämmt.

Werfen Sie sich bei einer Detonation sofort auf den Boden, wenn Sie im Freien sind

Schließen Sie die Augen und halten Sie diese geschlossen, um Verbrennungen an der Netzhaut und vorübergehende Blindheit zu vermeiden. Es wäre fatal, wenn Sie sich aufgrund dessen nicht orientieren könnten und hilflos zurückbleiben müssten.

Pressen Sie Ihr Gesicht auf den Boden. Wenn Sie im Wald oder auf einer Wiese sind, drücken Sie es so fest wie möglich in den weichen Untergrund. Das schützt die Gesichtshaut vor der thermischen Strahlung sowie die Augen zusätzlich.

Ziehen Sie die Schultern hoch, um den Hals zu schützen. Schieben Sie Ihre Hände unter den Körper, damit diese bestmöglich geschützt werden. Da an kühlen Tagen die anderen Körperteile durch die Bekleidung verdeckt werden, sind es außer dem Gesicht nur die Hände, die dann noch exponiert sind.

Warten Sie, bis die Druckwelle über Sie hinweggegangen ist. Diese wird laut tösend wie ein blitzschneller Orkan über das Land fegen. Keinesfalls dürfen Sie aufstehen, wenn die Druckwelle vorüber ist. Ein paar Sekunden später wird es zu einer Sogwelle kommen. Diese ist zwar in der Wirkung stark abgeschwächt, wird aber voraussichtlich noch stark genug sein, um Sie mitzureißen oder Trümmer und Gegenstände umherzuwirbeln, die Sie dann verletzen könnten.

Verhalten im Freien

1. Flach hinwerfen, wenn möglich in Deckung
2. Augen schließen
3. Schultern hochziehen
4. Gesicht auf den Boden drücken
5. Hände unter den Körper schieben
6. Warten, bis Druck- und Sogwelle über Sie hinweggegangen sind
7. Versuchen, in ein Gebäude zu gelangen

Ist die Kleidung in Brand geraten, wälzen Sie sich auf dem Boden hin und her, um die Flammen zu ersticken. Streifen Sie Bekleidungsteile ab, die glimmen oder Feuer fangen könnten. Insbesondere brennende oder schwelende Funktionsbekleidung ist sehr gefährlich, da die Kunstfasern heiße Tropfen bilden, die man schlecht von der Haut entfernen kann und die zu schweren Verbrennungen führen.

Erheben Sie sich unmittelbar nach Abklingen der Sogwelle, und suchen Sie rasch ein Gebäude in nächster Nähe auf. Ist dieses verschlossen, dringen Sie mit Gewalt ein, denn es geht um Ihr Leben! Legen Sie im Inneren Bekleidung und Schuhe ab. Begeben Sie sich in die tiefer gelegenen Etagen. Führen Sie eine Dekontamination durch, wie im nächsten Kapitel beschrieben. Verbleiben Sie so lange wie möglich an diesem Ort.

Müssen Sie eine längere Strecke überwinden, um Unterschlupf zu finden, nutzen Sie den Inhalt Ihres Survivalkits für Atomangriffe, um Ihren Körper so gut wie möglich zu schützen.

Werden Sie im Fahrzeug überrascht, halten Sie sofort an und machen sich so klein wie möglich. Schalten Sie den Motor ab und verharren Sie. Es ist wichtig, dass Ihr Körper sich unterhalb der Fensterreihe befindet. Lehnen Sie sich als Fahrer zur Seite Richtung Beifahrerbereich und schützen Sie Ihr Gesicht durch das Anlegen des angewinkelten Arms vor das Gesicht. Bitte bedenken Sie, dass ein handelsüblicher Pkw nur einen minimalen Schutz bietet, da moderne Modelle vorwiegend aus Leichtmetallen bestehen. Sobald die Sogwelle über Sie hinweggegangen ist, suchen Sie ein Gebäude auf. Falls Sie den Gedanken hegen, dem Fallout mit dem Fahrzeug zu entkommen, sollten Sie wissen, dass sich Winde in großer Höhe mit hoher Geschwindigkeit oft gegensätzlich zu Bodenwinden bewegen. Sie können daher nur schwer erahnen, wohin der Fallout ziehen wird. Fahren Sie daher auf keinen Fall blindlings los, falls Ihr Fahrzeug noch intakt sein sollte.

Die Zeit danach

Ein Atomkrieg lässt sich mit keinem der konventionellen Kriege vergleichen, die bisher auf diesem Planeten stattgefunden haben. Er weicht in seiner destruktiven Wirkung und seinen verheerenden Folgen stark von vergangenen Kriegen ab. Nach den großflächigen Bombardements der deutschen Städte im Zweiten Weltkrieg durch alliierte Kampfflieger konnten die Bewohner danach aus ihren Schutzräumen kommen, um frische Luft zu atmen (wenn man ein paar Tage nach dem Löschen der letzten Brände ins Freie kam). Bei einem Atomkrieg ist das an manchen Orten, an denen Sie sich möglicherweise befinden, aufgrund der Strahlung nicht möglich. Auch Wasser- und Nahrungsquellen werden nicht mehr in der Form nutzbar sein, wie Sie es kennen. Das erfordert einige Kenntnisse zum richtigen Verhalten, um sein Leben und die Gesundheit zu schützen.

Bitte beachten Sie, dass ich hier nur Anregungen geben kann und letztlich jede Situation eine andere sein kann. Mit den von mir gegebenen Tipps können Sie jedoch Ihre Überlebenschancen erhöhen.

- Gehen Sie im Schutzraum sparsam um mit Wasser und Lebensmitteln.
- Rauchen Sie nicht im Schutzraum!
- Vermeiden Sie überflüssige Bewegungen sowie Arbeiten, die nicht zwingend erforderlich sind. Sparen Sie somit Luft ein.
- Verlassen Sie auf keinen Fall den Schutzraum, um das Einströmen von giftigen oder radioaktiven Stoffen zu verhindern.
- Öffnen Sie diesen frühestens 10 Stunden nach dem ersten Schließen, und dann auch nur für kurze Zeit.
- Sollte der Schutzraum verlassen werden, müssen Schutzkleidung, Atemschutzmaske und Schutzbrille getragen werden.

Unmittelbar nach dem Angriff

Die Hauptgefahr für Ihre Gesundheit und Ihr Leben, nachdem Sie den Angriff überlebt haben, geht erst mal vom Fallout aus. Je nach Witterung, Ort des Angriffs und Windrichtung rieselt in Ihrem Gebiet radioaktiver Niederschlag herab oder hat sich bereits auf allen Oberflächen im Freien abgesetzt. Daher dürfen Sie das Gebäude oder Ihren Schutzraum, in dem Sie sich befinden, vorerst nicht verlassen. Am sichersten liegen Sie, wenn Sie sich auf die Informationen der Behörden oder der Rettungskräfte verlassen. Vielleicht dringen diese aus irgendwelchen Gründen nicht zu ihnen durch. Verbleiben Sie daher, wenn mehr oder weniger möglich, so lange in Ihrem Schutzraum. Eventuell besitzen Sie ein Geiger-Müller-Zählrohr, mit dem Sie draußen die Strahlung messen und dann selbst entscheiden können, ob Sie ihren Schutzraum verlassen.

Nehmen Sie in ihrem Schutzraum Wartungsarbeiten vor. Führen Sie eine schnelle Inspektion desselben durch und erweitern Sie diese dann je nach Situation für das Gebäude, in dem Sie sich aufhalten. Nehmen Sie innerhalb der nächsten halben Stunde kurze Reparaturen vor, die Ihren Schutz verbessern. Dazu kann das schnelle, behelfsmäßige Verschließen von zerborstenen Fenstern gehören. Aber auch das Stopfen von Rissen in Wänden oder Öffnungen. Dichten Sie, falls Sie überstürzt in den Schutzraum mussten und es noch nicht getan haben, Tür- und Fensterritzen mit Textilklebeband ab, damit keine Staubpartikel in das Rauminnere gelangen können. Gut geeignet sind auch zurechtgeschnittene Folien.

Schalten Sie Ihr Radiogerät ein, welches Sie im Rahmen der Vorsorge zugriffsbereit gelagert haben. Achten Sie darauf, dass Durchsagen zu jeder vollen Stunde erfolgen.

Dekontamination

Möglicherweise haben Sie es nicht rechtzeitig an einen sicheren Ort geschafft und werden vom radioaktiven Niederschlag überrascht, oder eine andere Ursache zwingt Sie dazu, nach draußen zu gehen und Ihren Schutzraum zeitweise zu verlassen. Wie Sie aus dem Abschnitt »Zerstörungseffekte einer Atombombe« wissen, setzt sich nach der Detonation Fallout ab, der eine mehr oder wenige lange Zeit auf das Bodenniveau herabrieselt. Dieser radioaktive Niederschlag ist hochgefährlich für Sie! Sie wissen, dass ein Fallout nicht unbedingt sichtbar für das bloße Auge ist, Sie können diesen also mitunter überhaupt nicht wahrnehmen. Jedes Mal, wenn Sie ins Freie gehen, kommt es zur Kontamination. Das heißt, radioaktive Staubpartikel fallen auf Ihre Haut, Ihre Bekleidung, auf Ihre Haare oder natürlich auch auf Ihren Rucksack. Der Staub haftet an Ihnen, sie können nichts dagegen tun, egal welche Bekleidung Sie tragen. Er dringt in die Zwischenräume der Tex-

Hinweis

Für alle Dekontaminationsmaßnahmen kann grundsätzlich gesagt werden: Stets von oben nach unten arbeiten! Vermeiden Sie dabei eine Staubaufwirbelung und tragen Sie immer eine FFP2-Atemschutzmaske sowie eine Schutzbrille.

tilien ein und gibt Strahlung ab, die Sie gesundheitlich schwer schädigen und – je nach Stärke, Art und Dauer – umbringen kann.

Dagegen können Sie sich schützen, indem Sie so schnell wie möglich Dekontaminationsmaßnahmen durchführen, wenn Sie wieder an einem vor dem Fallout geschützten Ort wie Ihrer Schleuse sind. Darunter zählen alle Tätigkeiten zum behelfsmäßigen Entfernen des radioaktiven Niederschlags auf dem Körper, der Bekleidung und den Gegenständen, die man mit sich führt.

Duschen

Sollte die Wasserversorgung noch intakt sein, ist es sinnvoll, dass Sie Ihren Körper unter einer Dusche von Fallout befreien. Das soll und darf nicht in ein Wellnesserlebnis ausufern, sondern muss zügig und zielführend geschehen. Dabei gilt, den Körper vollständig vom Fallout zu befreien. Es ist aber keineswegs damit getan, dass Sie sich einseifen und abbrausen. Waschen Sie sich sanft mit viel Seife. Ihre Haut ist ein natürlicher Schutzanzug, der verhindert, dass Kontaminationen in den Organismus gelangen. Vermeiden Sie es daher auch, Ihre Haut zu verbrühen, rot zu schrubben oder gar zu zerkratzen, schließlich soll sie intakt bleiben, um das Innere Ihres Körpers vor radioaktivem Material zu schützen.

Waschen Sie Ihre Haare mit Shampoo oder Seife. Verwenden Sie keine Spülung, da dadurch radioaktives Material an Ihrem Haar haften bleibt. Halten Sie Schnitte und Schürfwunden beim Waschen bedeckt, um zu verhindern, dass radioaktives Material in sie hineingelangt. Spülen Sie mit einem sanften Wasserstrahl vorsichtig Ohren, Augen und den Mund aus. Das sind wichtige Stellen, die gern vergessen werden. Was nützt es, den gesamten Körper dekontaminiert, den radioaktiven Staub in der Nase oder in den Ohren jedoch vergessen zu haben? Ziehen Sie nach der Körperwäsche saubere Bekleidung an.

Waschen

Wenn Sie nicht duschen können, müssen Sie sich waschen. Hier müssen Sie beachten, stets von oben nach unten vorzugehen. Fangen Sie beim Kopf an, gehen dann über Ihren Rumpf und nehmen sich zuletzt den Unterkörper vor. Sie dürfen gereinigte Stellen am Körper nicht wieder anfassen, bis Sie sich komplett abgewaschen haben. Reinigen Sie Ihre Hände, Ihr Gesicht und unbedeckte Körperteile an einem Waschbecken oder Wasserhahn. Verwenden Sie auch hier viel Seife und so viel Wasser wie möglich. Lassen Sie sich, wenn Sie mehrere Personen sind, beim Waschen des Rückens helfen.

Beim Waschen müssen Sie stets von oben nach unten vorgehen

Wenn Sie keinen Zugang zu einem Waschbecken oder Wasserhahn haben, benutzen Sie feuchte, saubere Tücher oder angefeuchtete Papiertücher, um die unbedeckten Körperteile abzuwischen.

Es ist wichtig zu erwähnen, dass abgekochtes Wasser nicht vor Radioaktivität schützt. Verwenden Sie daher ausschließlich das Wasser aus der Leitung oder aus Flaschen, Kanistern und so weiter, die sicher vor dem Fallout gelagert wurden.

Mit Feuchttüchern aus dem Handel können Sie den ganzen Körper gründlich dekontaminieren. Sie haben keine Feuchttücher zur Hand? Kein Problem: Notfallwaschlappen können Sie auch aus nicht kontaminierten Handtüchern oder anderen Textilien herstellen, indem Sie diese in handgroße Streifen schneiden und mit etwas Wasser anfeuchten.

Waschlappen und Feuchttücher müssen für jeden Abschnitt des Körpers gewechselt und dürfen dann nicht mehr wiederverwendet werden. Entsorgen Sie die gebrauchten Tücher nach der Körperwäsche in einer Plastiktüte oder einem anderen verschließbaren Behälter. Diesen deponieren Sie an einem Ort, der sich nicht in der Nähe von Menschen oder Haustieren befindet.

Vorgehensweise bei einer Ganzkörperwäsche

Entkleiden Sie sich. Legen Sie den Kopf in den Nacken und streichen Sie mit dem Tuch vom Haaransatz ausgehend mehrfach in gleicher Richtung über den Scheitel nach hinten, um den Staub aus den Haaren zu nehmen. Wiederholen Sie dies seitlich versetzt, bis Sie alle Kopfbereiche dieser Prozedur unterzogen haben. Bedenken Sie immer, dass verbleibende Kontamination schwere gesundheitliche Schäden verursacht.

Nun widmen Sie sich dem Gesicht. Putzen Sie sich sanft die Nase, wischen Sie Ihre Augenlider, Wimpern und Ohren mit einem frischen Feuchttuch, einem sauberen, nassen Stück Textil oder einem feuchten Papiertuch ab.

Weiter geht es mit dem Hals, der Brust und so fort bis nach unten zu den Füßen.

Hilfe bei anderen Personen: Vielleicht müssen Sie Kinder oder pflegebedürftige Personen bei der Wäsche unterstützen? Tragen Sie hierbei wasserdichte Handschuhe und eine Staubmaske (oder ein anderes Material, um Ihren Mund zu bedecken), wenn Sie können. Halten Sie Schnitte und Kratzer (sowohl Ihre als auch die derjenigen, denen Sie helfen) beim Waschen bedeckt, um radioaktives Material von der Wunde fernzuhalten. Reinigen Sie Ihre Hände und Ihr Gesicht, nachdem Sie Hilfe geleistet haben.

Stehen Ihnen keine Hilfsmittel zur Körperreinigung zur Verfügung, schütteln Sie Haare und Bekleidung gründlich aus. Dann reiben Sie Ihren Körper mit der Unterwäsche von oben nach unten gründlich ab und entsorgen diese. Ziehen Sie danach frische Bekleidung an.

Bekleidungswechsel

Wenn Sie keine saubere Kleidung zum Wechseln haben, entledigen Sie sich der äußeren Kleidungsschicht; danach schütteln oder bürsten Sie Ihre Kleidung ab. Achten Sie darauf, dabei keinen Staub aufzuwirbeln, und schützen Sie sich selbst, indem Sie Nase und Mund bedecken. Danach kleiden Sie sich wieder an. Besonderes Augenmerk gilt den Schuhen; sie zählen zu den Dingen, die gern übersehen werden. Durch das Ablegen der Schuhe kann ein weiteres Verschleppen der Kontamination auf ein Minimum reduziert werden. Schon allein das Entfernen der äußeren Bekleidungsschicht kann bis zu 90 Prozent der Strahlenbelastung durch Fallout senken. Ziehen Sie sich komplett aus und lassen Sie die Bekleidung vor der Schleuse zurück. In der Schleuse waschen Sie sich so gründlich wie möglich. Idealerweise streifen Sie Kleidungsstücke, die Sie ablegen müssen, nicht über den Kopf. Notfalls zerschneiden Sie diese – verwenden können Sie diese vorerst ohnehin nicht, da sie verstrahlt ist.

Schon allein das Entfernen der äußeren Bekleidungsschicht kann bis zu 90 Prozent der Strahlenbelastung durch Fallout senken

Dekontamination der Haustiere

Bevor Sie mit der Dekontamination des Haustiers beginnen: Tragen Sie nach Möglichkeit wasserdichte Handschuhe, eine Staubmaske und idealerweise abwaschbare Bekleidung. Waschen Sie Ihr Haustier sorgfältig mit Wasser und Seife oder mit Wasser und einem Shampoo und spülen Sie die Lauge danach vollständig ab. Bedenken Sie, dass sich im Fell von Tieren viel radioaktiver Staub absetzen kann. Gehen Sie daher sehr akribisch vor. Halten Sie, wenn Sie Ihr Haustier waschen, Schnitt- und Schürfverletzungen (sowohl bei Ihnen als auch bei Ihrem Haustier) bedeckt, damit kein radioaktives Material in die Wunde gelangen kann. Reinigen Sie insbesondere die Pfoten des Tieres gründlich – auch zwischen den Zehen. Waschen Sie nach der Dekontamination Ihres Tieres Ihre Hände und Ihr Gesicht ab.

Dekontamination von Gegenständen/Oberflächen

Oberflächen mit einem feuchten Tuch abzuwischen, ist meist die beste Option. Vermeiden Sie das Aufwirbeln von Staub und tragen Sie immer Ihre persönliche Schutzausstattung. Streichen Sie sorgfältig über alle Flächen, Ecken und Winkel. Denken Sie immer daran, dass man den Fallout unter Umständen nicht sehen kann. Lassen Sie keinen Bereich aus. Den Staub sollten Sie bei der Reinigung nicht in die Ritzen wischen, aus denen Sie diesen nicht mehr entfernen können. Gehen Sie daher behutsam vor.

Nutzen Sie Ihren Staubsauger für die Aufnahme von radioaktivem Niederschlag, falls die elektrische Versorgung noch gegeben sein sollte. Das dürfen Sie aber nur dann tun, wenn das Gerät über einen HEPA-Staubfilter verfügt, der selbst die kleinsten Partikel aus der Luft zurückhält. Deponieren Sie den Sauger danach auf keinen Fall in der Nähe von Menschen oder Haustieren.

Ernährung

Ich hoffe für Sie, dass Sie Lebensmittel eingelagert haben. Wenn ja, sind Sie – im Gegensatz zu vielen anderen – in der glücklichen Situation, dass Sie etwas essen können.

Bis eine Entwarnung durch die Feuerwehr, das THW, das Militär oder die Behörden erfolgt, ist Nahrung von draußen für Sie tabu. Dazu zählen Nüsse, Obst und Gemüse, essbare Pflanzen oder Pilze, denn Sie können schließlich nicht wissen, ob diese Nahrungsmittel radioaktiv kontaminiert sind oder nicht. Besonders Pilze halten Radioaktivität sehr lange in sich, weshalb in diesem Fall generell vom Verzehr abzuraten wäre. Es ist auch wichtig, dass Sie kein Obst und Gemüse aus dem eigenen Garten essen. Und falls der Hunger doch zu groß wird, dann nur aus einem unbeschädigten, verschlossenen Gewächshaus. Grob gesagt kann man davon ausgehen, dass bei einem Atombombenangriff im Frühjahr die unter freiem Himmel wachsende Nahrung eine viel höhere Belastung aufweist als bei einem Angriff im Winter und einer Ernte im Sommer. Da aufgrund der niedrigen Temperaturen noch nichts gewachsen ist, kommt es zu geringeren Rückständen auf Nahrungs- und Futterpflanzenflächen. Der Regen spült mir der Zeit den Boden aus und die Belastung sinkt.

Doch auch bei Fertignahrung ist Vorsicht geboten. Prüfen Sie stets, ob Lebensmittel kontaminiert sein könnten, ob etwa die Verpackung beschädigt ist und so weiter. Ansonsten nehmen Sie die Strahlung oral auf und werden von innen vergiftet. Essen Sie Lebensmittel in verschlossenen Behältern (Dosen, Flaschen, Schachteln und so weiter). Unverdorbene Lebensmittel in Ihrem Kühl- oder Gefrierschrank können ebenfalls bedenkenlos verzehrt werden.

Trinkwasser

Für viele Menschen stellt sich die Frage, woher das Trinkwasser nach einem Atomangriff bezogen werden soll, da niemand ausschließen kann, dass es radioaktiv verseucht ist. Deswegen ist es wichtig, dass Sie Wasser in großer Menge in verschlossenen Behältnissen einlagern, um nicht von der regionalen Wasserversorgung abhängig zu sein.

Aber auch für den Fall, dass Sie kein Wasser vorgehalten haben, heißt das nicht zwingend, dass Sie aus Angst vor Verstrahlung verdursten müssen. Das Wasser in den Hauswasserleitungen kann in den meisten Fällen bedenkenlos verwendet werden, solange auf diesen noch ausreichend Druck ist. Auch das Grundwasser wird an den meisten Stellen trinkbar bleiben. Dazu muss man wissen: Radionuklide werden gut an Bodenminerale gebunden. Dadurch wird das Sickerwasser, verursacht durch Regen oder anderen Niederschlag, relativ gut gereinigt. Die Kontaminationswerte des Grundwassers werden sich – sofern überhaupt eine Kontamination stattfinden sollte – mit hoher Wahrscheinlichkeit in geringen Bereichen bewegen. Wasser benötigt ewig, bis es in tiefere Bodenschichten bis zum Grundwasser vordringt. Das ist das Gute, denn viele radioaktive Stoffe haben so kurze Halbwertszeiten, dass diese zerfallen und nicht mehr strahlen, wenn sie das Grundwasser erreicht haben.

Jegliche im Handel erhältliche Outdoor-Wasserfilter mit einem Trübstofffilter eignen sich im Notfall zur Aufbereitung

Falls nichts mehr aus den Leitungen kommt oder Ihr Trinkwasservorrat aufgebraucht sein sollte, führt kein Weg daran vorbei, dass Sie Wasser im Freien beziehen. Tragen Sie, wenn Sie raus müssen, unbedingt einen vollständigen Schutzanzug sowie Atem- und Augenschutz, um sich nicht zu kontaminieren. Zum Filtern von Süßwasser aus der Natur (aus Tümpeln, Flüssen, Bächen, Pfützen und so weiter) können Sie Wasserfilter verwenden. Jegliche im Handel erhältliche Outdoor-Wasserfilter mit einem Trübstofffilter eignen sich im Notfall zur Aufbereitung. Damit meine ich die Filter mit Elementen, die mechanisch mittels mikroporösen Sieben arbeiten und nicht Geräte, die mit mithilfe von UV-Licht krank machende Keime im Wasser zerstören, oder gar Wasseraufbereitungspräparate.

Bedenken Sie aber bitte, dass der Filter nach dem Gebrauch im Inneren mit radioaktivem Material kontaminiert ist (er hält ja schließlich die verseuchten Partikel zurück) und sich dessen Menge bei jedem Gebrauch erhöht. Um den Filter weiterhin bedenkenlos einsetzen zu können, müsste das Filterelement entweder komplett ausgetauscht oder der ganze Wasserfilter entsorgt werden. Meiner Meinung nach ist es aber immer noch besser, einen kontaminierten Filter mehrfach zu benutzen, als ungefiltertes Wasser aus dem Freien zu trinken oder zu verdursten.

Es gibt spezielle Wasserfilter für radioaktiv verseuchtes Wasser auf dem Markt. Hierzu zählen zum Beispiel die Produkte des Unternehmens Seychelle aus den USA. Hiermit habe ich aber bis zur Fertigstellung des Buches keine Erfahrungen machen können.

Andere Möglichkeiten zur sicheren Wasseraufbereitung haben Sie nicht. Wasser abzukochen, ist keine Option gegen radioaktive Strahlung. Das Kochen von Wasser tötet zwar alle krank machenden Mikroorganismen darin ab, Strahlung bleibt davon jedoch unberührt.

Nachwort

Bei der Recherche und der intensiven Arbeit an diesem Ratgeber habe ich mich immer wieder gefragt, ob es nicht besser gewesen wäre, das Buch mit weiteren Kapiteln auszustatten. Ich bin jedoch zu dem Entschluss gelangt, dass alle relevanten Bereiche abgedeckt sind und weitere Abschnitte den Inhalt nur unnötig aufgebläht und Ihnen kaum Mehrwert geboten hätten. Das für Sie Wichtigste wurde niedergeschrieben! Es mag sein, dass Ihnen nicht alles schlüssig erscheint, weil derlei Extremsituationen im Kino oder TV immer völlig anders dargestellt werden. Doch zwischen Film und Realität besteht ein großer Unterschied.

Auch ist es möglich, dass ich aufgrund meiner persönlichen Sicht auf die Dinge das eine oder andere Thema, das Sie in diesem Kontext für wichtig erachten, nicht angesprochen habe. Und vielleicht ergeben sich nach der Lektüre noch Fragen, die Sie im Nachgang selbst aufarbeiten müssen.

Sie haben jedoch mit diesem Ratgeber fundiertes Wissen und verständliche Handlungsempfehlungen von mir erhalten, mit denen Sie Ihre Überlebenschancen im Fall eines Atomangriffs verbessern können. Ich kann Ihnen nur raten: Verinnerlichen Sie diese, machen Sie sich Ihre eigenen Gedanken dazu und treffen Sie beizeiten Vorkehrungen, wenn Sie ein solches Szenario für denkbar halten. Verfallen Sie aber nicht in blinden Aktionismus oder in Extreme, sondern planen Sie mit kühlem Kopf. Das heißt: Betreiben Sie eine »vernünftige« Krisenvorsorge, und setzen Sie Ihre Ressourcen gezielt dafür ein.

Bleibt mir nur, uns allen zu wünschen, dass dieser wunderbare Planet auch weiterhin ein lebenswerter Ort bleiben wird, verbunden mit der Hoffnung, dass niemals wieder Atomwaffen eingesetzt werden.

Literaturhinweise

Basler E., Kämpfer U.: »Über den Wert von Schutzmaßnahmen gegen nukleare Waffen«, *Schweizerische Bauzeitung*, 83. Jahrgang, Heft 28, 1965.

Chivian, Eric, Chivian, Susanne, Lifton, Robert Jay, Mack, John E.: *Last Aid. Letzte Hilfe – Die medizinischen Auswirkungen eines Atomkriegs*, Jungjohann Verlag, 1985.

Rotblad, Joseph: *Strahlungswirkungen beim Einsatz von Kernwaffen*, Berlin Verlag Arno Spitz, 1986.

Schell, Jonathan: *Das Schicksal der Erde – Gefahr eines Atomkriegs*, Deutscher Taschenbuch Verlag, 1984.

Schmelzer, Josef A., Schneider, Karl-J.: *Kann man einen Atomkrieg überleben*, Studieninstitut für individuelle Sicherheitsstrategien, Prometheus Verlags-GmbH, 1982.

Schneider, Gerhard, Bastiansen, Uwe: *Wie gefährlich ist radioaktive Strahlung?*, Eichborn Verlag, 1986.

Tashiro, Elke, Tashiro, Jannes Kazuomi: *Hiroshima, Menschen nach dem Atomkrieg*, Deutscher Taschenbuch Verlag, 1982.

Träbert, Elmar: *Radioaktivität*, Kiepenheuer & Witsch, 2011.

Ulmer Ärzteinitiative (Hrsg.): *Tausend Grad Celsius: Das Ulm-Szenario für einen Atomkrieg*, Hermann Luchterhand Verlag, 1983.

Über den Autor

Lars Konarek ist ein professioneller Überlebenstrainer, der auf Krisen- und Katastrophenfälle spezialisiert ist. Der 45-jährige Extremsportler und Abenteurer hat zahlreiche Publikationen und Fachbücher zum Thema Überleben veröffentlicht, ist seit vielen Jahren vor und hinter der Kamera ein beliebter Ratgeber für erfolgreiche Fernsehproduktionen und gibt sein Wissen in Praxis, Workshops und Vorträgen weiter.

Mehr zu Lars Konarek und seinen Workshops finden Sie auf *www.larskonarek.de*.
Aktuelle Informationen, Tipps und Tricks zum Thema Überleben gibt es auf seinem Telegram-Kanal: *t.me/larskonarek*.

Weitere Bücher des Autors:

Bushcraft – Wildpflanzen Europas
Blackout
Fluchtrucksack
Selbstverteidigung im Straßenkampf
Überleben in der Natur
Überleben in Krisen- und Katastrophenfällen

Danksagungen

Ich danke hiermit

meinem Verleger Jochen Kopp für
das Verlegen dieses Titels,

Grandmaster Gion für den fachlichen Austausch
und die gute Freundschaft,

allen anderen Freunden,

den fachkundigen Personen, die mich
bei der Thematik in Expertenfragen unterstützt haben,

sowie meiner Assistentin Simone,
die mir immer den Rücken freihält.

Bildquellen

© Shutterstock.com:
frozenbunn (S. 4), Budjak Studio (S. 11), inv.amin baktash (S. 14), Benny Marty (S. 18), Macrovector (S. 23), Uglegorets (S. 23), IgorZh (S. 25), argus (S. 27), santoelia (S. 27), Frame Stock Footage (S. 39), ESB Professional (S. 40), Bits And Splits (S. 43), Pixel-Shot (S. 52), FrimuFilms (S. 56), Shopping King Louie (S. 62), Wirestock Creators (S. 63), metamorworks (S. 67), frenky362 (S. 82), Oleksandr Lysenko (S. 83), Serenethos (S. 89), xpixel (S. 91), SERSOLL (S. 99), Fahroni (S. 101)

© stock.adobe.com:
Sergey Nivens (S. 8), Milana (S. 21), natalikp (S. 22), rikirennes (S. 33), progressman (S. 34), zef art (S. 36), erika8213 (S. 37), RAM (S. 44), Hiroki WAKABAYASHI (S. 49), kreativloft (S. 51), Horst (S. 54), petrosven (S. 55), Fabbox (S. 64), vegefox.com (S. 70), Ayma (S. 73), lassedesignen (S.74), MelissaMN (S. 77), Girts (S. 88), 9dreamstudio (S. 90), dodoit (S. 90), valentyn640 (S. 96), Bnetto (S. 98), Christian (S. 100), overrust (S. 110), Thomas Bethge (S. 112), dul_ny (S. 117), Loocid GmbH (S. 118)

© Lars Konarek:
S. 13, S. 47, S. 52, S. 59, S. 60, S. 84, S. 91, S. 103, S. 107, S. 115

© commons.wikimedia.org:
Paul_Nadar (S. 9), Daveahl (S. 20), NASA (S. 31)

© flickr.com:
Neuwiesner (S. 68)